Compréhension écrite et orale de la grammaire

文法からアプローチ

フランス語

聴き取り

練習帳

中級へのステップアップ

アレクサンドル・グラ
Alexandre Gras

フランク・デルバール
Franck Delbarre

平松 尚子
Naoko Hiramatsu

＋音声DL

SANSHUSHA

無料音声ダウンロード・ストリーミング利用の方法

ナレーターによる音声

1. PC・スマートフォンで本書の音声ページにアクセスします。
https://www.sanshusha.co.jp/np/onsei/isbn/9784384060256/

2. シリアルコード「**06025**」を入力。

3. 音声ダウンロード・ストリーミングをご利用いただけます。

はじめに

本書は，フランス語の基礎をひとおりマスターしている初級以上の学習者を対象として，文法項目を体系的に確認しながらリスニング問題に取り組めるように作られています。自習用教材としてだけでなく，大学や高校，語学学校などのクラスでも使えるように幅広い学習者を想定し，それぞれの学習進度に合わせて練習を進めることができるように配慮しています。

この練習帳の特徴は，実際のコミュニケーションの場にあらわれる語彙や表現を学びながら，関連する文法項目を体系的に学習できることです。

各章は次のような構成になっています。

◆ リスニング問題に取り組むにあたって確認しておくべき主要な文法項目が2～4ページでまとめられています。

◆ リスニング問題は初級から中級レベルに設定されており，そのレベルに必要な語彙や表現が扱われています。

◆ 各章6問からなるリスニング問題は，実際のコミュニケーションを反映した多様なタイプの対話で構成されています。女性・男性・子どもの声で録音された多様で豊富な音声が収録されていますので，日常会話にあらわれる実用的なコミュニケーションにふれながら，リスニングの練習をしたり語彙や表現を増やすことができるでしょう。また，練習問題の会話表現は，自分で話したり書いたりする時にも役立つはずです。

本書は，DELFや仏検といった各種資格試験の準備にも使えます。特に，DELFA2～B1や仏検2級以上の取得を目指す方に役立つリスニング問題が数多く収録されています。さらに，2011年に出版されてご好評をいただいている『フランス語リスニング』と同じコンセプトで作られており，その続編としてもお使いいただけます。リスニングの教材としてだけでなく，語彙や表現を増やしたり，イラストを使ってスピーキング練習の学習教材として活用したりと，この一冊を自在に応用して，使えるフランス語を身につけていただくことを著者一同願っています。

コンディヤックの言葉に著者の願いを添えて。

« *Je regarde la grammaire comme la première partie de l'art de penser* »*... et de communiquer !

(Étienne Bonnot de Condillac, *Cours d'étude pour l'instruction du prince de Parme*.)

(エチエンヌ・ボノ・ドゥ・コンディヤック『パルマ公国王子のための教程』)

2022年夏　著者一同

もくじ

第1章　冠詞

文法の復習

定冠詞のさまざまな用法

定冠詞le / la / lesは，人やものを特定する，総称するという基本的な用法があります。ここでは，その他のさまざまな用法を見てみましょう。

①身体に関する表現と定冠詞

身体部分の所有者が明らかな場合には，所有形容詞ではなく定冠詞を用います。

J’ai **les** doigts gras. Ex. 6

Le pauvre a **la** jambe toute enflée au niveau de la cuisse. Ex. 4

Il ne peut bouger **la** main et **le** poignet droits ! Et il a **le** visage tuméfié. Ex. 4

Elle a **les** yeux bleus et **les** cheveux blonds. Ex. 4

所有者を明示するときには，所有形容詞を用います。

Oui, **ses** cheveux sont longs et bouclés. Ex. 4

ええ，彼女の髪は長くて巻き毛なのよ。

次の場合，不定冠詞desは「いくつかの」を表します。

Et il a perdu **des** dents.　彼は歯を何本か失った。 Ex. 4

次の文と比べてみましょう。

Il a perdu **les** dents.　彼はすべての歯を失った。

②代名動詞

代名動詞の場合は，身体部分の所有者は再帰代名詞で示されます。

Il **s’est cassé** la jambe en tombant. Ex. 4

Il **s’est** aussi **blessé** au bras droit. Ex. 4

さらにもう一歩！

Il s'est cassé la jambe. / Il s'est blessé au bras droit.

上のふたつの文の主語を elle に書きかえてみましょう。

Il **s**'est cassé　la jambe.
　 [間接目的語]　[直接目的語]

→ Elle s'est cassé la jambe en tombant.
再帰代名詞が間接目的語なので，過去分詞は変化しません。

Il **s**'est blessé　au bras droit.
　 [直接目的語]　[状況補語]

→ Elle s'est blessé**e** au bras droit.
再帰代名詞は直接目的語なので，過去分詞は再帰代名詞の性数に一致します。このように〈à ＋定冠詞＋身体部分〉で表している場合，再帰代名詞は直接目的語です。

③定冠詞と固有名詞

monsieur / madame / mademoiselle（定冠詞なし）＋姓
monsieur et madame Leroux

・**定冠詞＋人名の場合／人名が冠詞をとる場合**
家族や一族は〈les ＋姓〉で表します。定冠詞のみ複数形にします。
les Leroux　ルルー家　　**les** Rocher　ロシェ家　　**les** Thibault　チボー家の人々
〈Monsieur ＋称号〉〈Madame ＋称号〉は，称号に定冠詞がつきます。
Monsieur l'Ambassadeur　大使閣下　　**Madame** la Directrice　所長殿
弁護士の肩書は maître。**Maître** Honoré　オノレ弁護士

冠詞＋作者名でその人の作品を示すこともあります。冠詞の用法は普通名詞のときと同じです。
le Monet　モネの絵画（＝les tableaux de Monet）　**le** Delacroix　ドラクロワの絵画
tous **les** Monets　モネのすべての絵画（＝tous les tableaux de Monet）
著名な歌手の姓の前に定冠詞が用いられることがあります。
la Callas　カラス（ソプラノ歌手）

・ **定冠詞＋地名の場合**

河川名　**la** Seine / **la** Loire / dans **la** vallée du Rhône

地域名　**la** Bretagne / **la** Normandie

都市の名前は通常は無冠詞ですが，もともと定冠詞を含んでいる都市名もあり，前置詞の後で冠詞の縮約がおこります。

Je voudrais aller à **Paris**.

le Havre　ル・アーブル　　**jusqu'au** Havre　ル・アーブルまで

du Havre　ル・アーブルから

④曜日・月と定冠詞

通常，曜日は無冠詞で用いられますが，Ex. 3では定冠詞や不定冠詞とともに用いられる表現がでてきます。

定冠詞の総称的な用法です。

Les samedis, il n'y a pas de problème pour ma femme et moi.
（すべての）土曜日は，妻と私にとって問題ない。

曜日に定冠詞leがつくと「毎週その曜日に」の意味になります。

Nous y jouons toutes les deux ou trois semaines, **le samedi** en soirée avec des amis.

曜日に不定冠詞がついている場合は不特定のものを指し，「任意の」を意味します。

La dernière fois, c'était **un** vendredi.　前回は（あるいつかの）金曜日だった。

Ce sera **un** samedi soir ?　（いつかの）土曜の夜だろうか？

月も通常は無冠詞で用いますが，次のように限定される場合は定冠詞をつけます。

le 28 février　　**le** 28 février dernier　　**le** soir du 14 mars

⑤冠詞の省略

avoirを使った次のような成句表現では冠詞が省略されます。

avoir faim　おなかがすいた　　avoir soif　のどが渇く　　avoir sommeil　眠い

avoir mal　痛い　　avoir chaud　暑い　↔　avoir froid　寒い

avoir raison　正しい　↔　avoir tort　間違っている

avoir besoin de　…が必要である　　avoir envie de　…がほしい / したい

ただし形容詞がつくと，名詞が具象化することにより，冠詞がつきます。

Oh, j'ai **une** petite faim tout à coup.　**Ex. 6**

トランプ / カードゲーム

001

le roi キング　la reine / la dame クイーン　le valet ジャック
le cavalier （チェスで）ナイト　trèfle クラブ　cœur ハート
pique スペード　carreau ダイヤ
l'as エース
l'atout （トランプの）切り札　le valet d'atout 切り札のジャック
l'as d'atout (le Petit) 切り札のエース　le joker ジョーカー
l'Excuse (*f.*) （タロットカードで）（ある色やオールマイティーカードの要求を回避する）エクスキューズ，免除カード

002

EXERCICE 1

音声を聴き，招待客の座る場所を下から番号を選んで絵の中に書きなさい。また質問に答えなさい。

ポイント 固有名詞や儀礼称号・爵位・称号に対する定冠詞・命令の表現

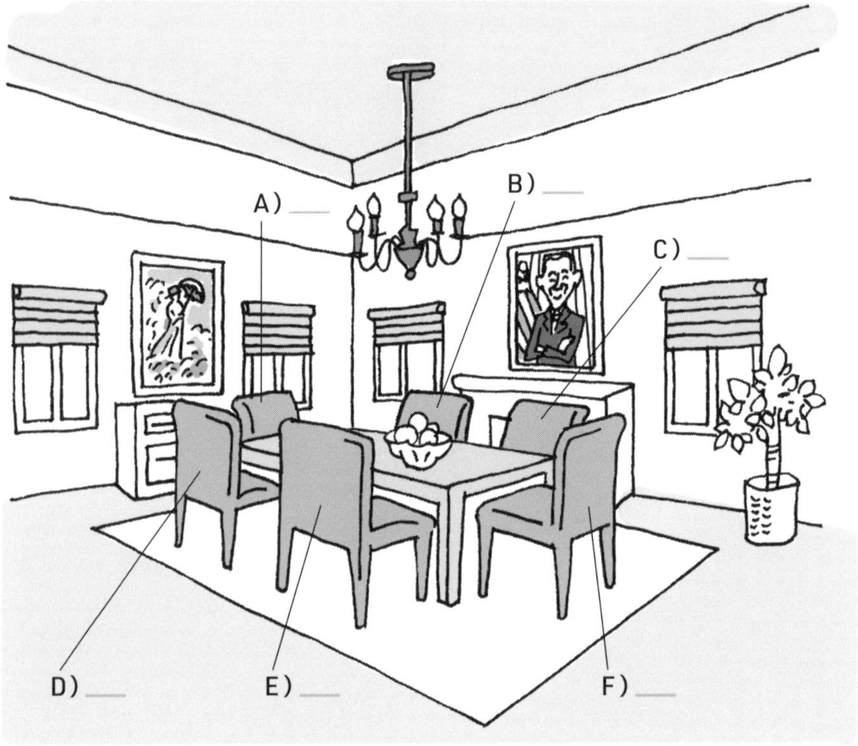

① Madame de la Roserie　② Maître Honoré
③ L'ambassadeur　④ La femme de l'ambassadeur
⑤ M. Leroux　⑥ Mme Leroux

Qui sont-ils ?

1）Monsieur Honoré est　☐ un avocat.　☐ un cuisinier.　☐ un musicien.

2）Madame de la Roserie est　☐ une cantatrice.　☐ une invitée.　☐ leur hôte.

003 EXERCICE 2 音声を聴き，登場人物の冬休みの予定についてまとめなさい。

ポイント 固有名詞と定冠詞・単純未来形・近接未来形

A）L'ambassadeur

Son poste :

① 

② 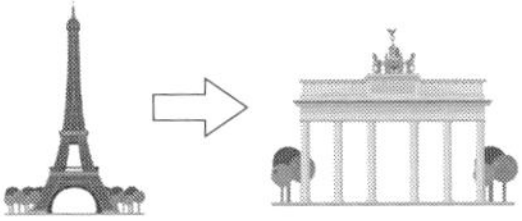

③ 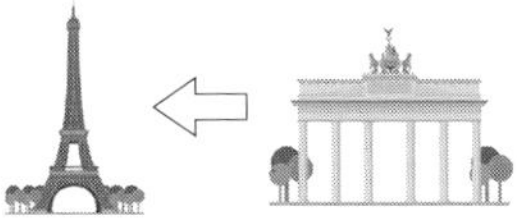

B）Ses vacances :

① 

② 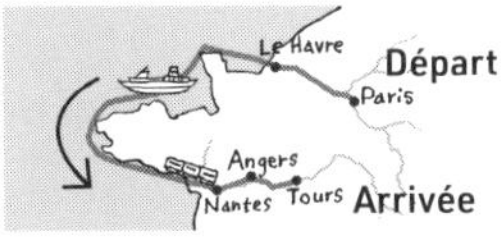

③ 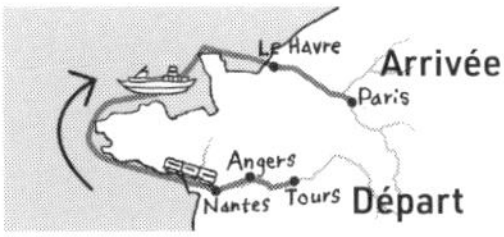

C）Les lieux de vacances de Mme de la Roserie:

① 
② 
③ 
④ 
⑤ 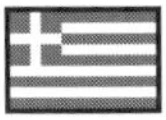
⑥ 
⑦ 

D）Ceux de son mari :

① 
② 
③ 
④ 
⑤ 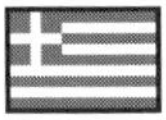
⑥ 
⑦ 

E）Ceux des Leroux :

① la Province ② la Provence ③ la Normandie

④ la Bretagne ⑤ le Val de Loire ⑥ la Vallée du Rhône

F）音声を聴いて次の動詞の活用を書きなさい。

① rester : ________ -vous

② nommer : on ________ ________

③ prendre : ma femme et moi ________

④ faire : nous ________

⑤ retourner : vous ________

004 EXERCICE 3　音声を聴き，答えなさい。

ポイント　時間の表現と冠詞

A） Quelle heure est-il avant le dessert ?
① Il est moins de minuit.　② Il est minuit pile.
③ Il est plus de minuit.

B） À quelle fréquence jouent-ils au tarot ?
① Tous les 15 jours.　② Toutes les 2 à 3 semaines.
③ Toutes les 3 semaines.

C） Quel jour y jouent-ils avec des amis?
① Le vendredi.　② Le samedi.　③ Le dimanche.

D） À quel moment de la journée ?
① Dans la matinée.　② Dans l'après-midi.　③ Dans la soirée.

E） Quand vont-ils y jouer la prochaine fois ?
① Le 4 mars.　② Le 4 mai.　③ Le 14 mars.　④ Le 14 mai.

F） Quand y ont-ils joué pour la dernière fois ?
① Le vendredi 18 février.　② Le dernier vendredi de février.

G） Quelle est la date de naissance de sa petite fille ?
Le ______ février ________________.

H） L'année de sa naissance comporte combien de jours ?
① 365 jours.　② 366 jours.

I） Il feront une prochaine partie en avril, mais quand exactement ?（2つ選ぶこと）
① Au début du mois.
② Au milieu du mois.
③ À la fin du mois.
④ Le premier samedi.
⑤ Le deuxième samedi.
⑥ Le troisième samedi.

005 EXERCICE 4

音声を聴き，①～⑮から単語を選び文を完成させなさい（使用しないものもあります）。

ポイント 身体の部分と冠詞

① le bras

② les dents

③ la jambe

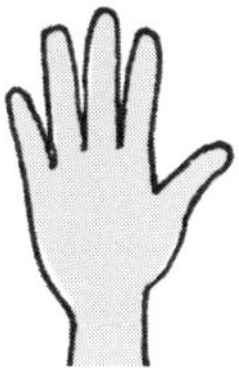
④ les doigts

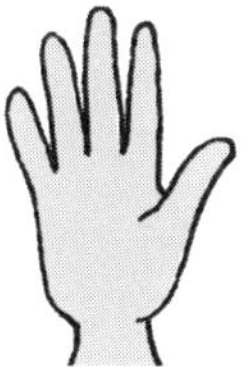
⑤ la main

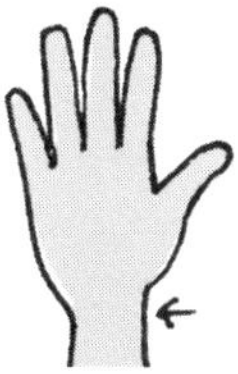
⑥ le poignet

⑦ les yeux

⑧ les cheveux

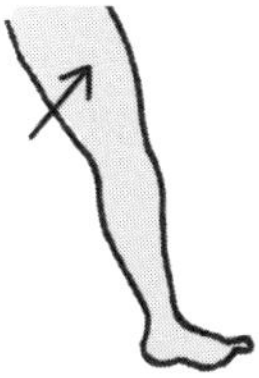
⑨ la cuisse

⑩ le nez

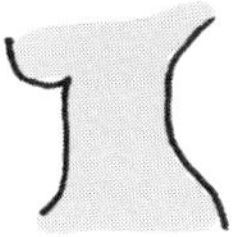
⑪ le cou

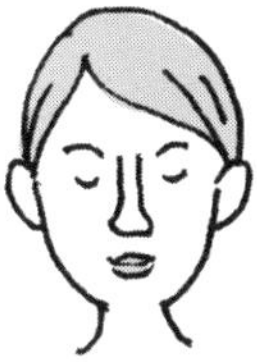
⑫ la tête

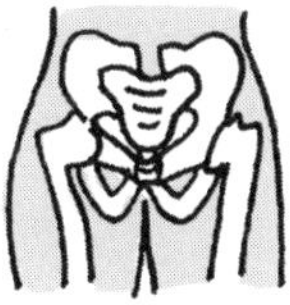
⑬ le bassin

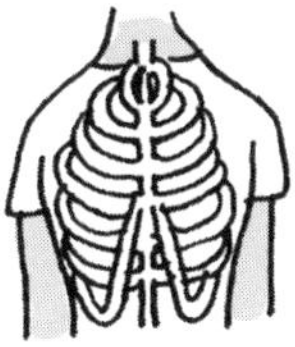
⑭ les côtes

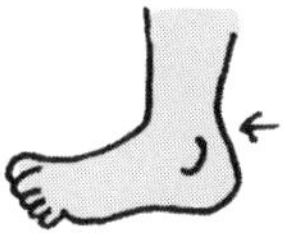
⑮ la cheville

A） Il s'est cassé la ______ en tombant.

B） Il a la ______ toute bleue.

C） Il s'est aussi blessé au ______ droit.

D） Il ne peut bouger la ______ et le ______ droits.

E） Il a perdu des ______.

F） Elle a les ______ bleus.

G） Ses ______ sont longs et bouclés.

H） Elle a de longs ______ effilés.

006 EXERCICE 5 音声を聴き，答えなさい。

ポイント 不定形容詞・不定代名詞

A）Quelles sont les cartes mentionnées ?

① 

le ________
de pique

② 

la ________
de cœur

③ 

le ________
de carreau

④ 

le ________
de trèfle

⑤ 

le ________

⑥ 

l' ________

⑦ 

des ________

⑧ 

le ________

B）Vrai ou Faux ?

	Vrai	Faux
① On doit donner l'Excuse à un autre joueur.	□	□
② Le un d'atout (= le Petit) est le plus faible des atouts.	□	□
③ Le 21 d'atout, le Petit et l'Excuse ont la même valeur de points.	□	□
④ Le cavalier est plus fort que le valet.	□	□
⑤ Le roi est plus fort qu'un atout.	□	□
⑥ Au tarot, l'as est la plus faible de toutes les cartes.	□	□
⑦ La reine est moins forte que le roi.	□	□
⑧ Le 1 d'atout gagne sur le roi.	□	□
⑨ On peut prendre Le Petit avec un roi.	□	□
⑩ Le 10 de trèfle peut prendre toutes les cartes de trèfle qui lui sont inférieures.	□	□

中級

007

EXERCICE 6

同義語と反義語・反意語をヒントにして，会話に使われた単語を下線に書きなさい。

ポイント avoir＋無冠詞名詞の表現

	Synonyme 同義語	Antonyme 反義語・反意語	
A)	avoir la gorge sèche être assoiffé	être désaltéré	avoir _ _ _ _ avoir une de ces _ _ _ _s
B)	appétit creux fringale	anorexie satiété	avoir _ _ _ _
C)	déshonneur humiliation	honneur fierté orgueil	avoir _ _ _ _ _
D)	altercation bataille dispute rivalité	accord entente paix réconciliation	chercher _ _ _ _ _ _ _ _
E)	abîmer dégrader polluer salir	astiquer désinfecter épurer laver nettoyer récurer	_ _ _ _ _ _
F)	employer exploiter se servir utiliser	abandonner léser négliger rejeter	faire _ _ _ _ _

第2章　直説法

文法の復習

直説法の時制

直説法は，あることがらを話者が事実として述べる場合に用いられる法です。**時制**には，**単純時制**と，それに対応する**複合時制（助動詞＋過去分詞）**があります。

■第１群規則動詞 chanter（歌う）１人称単数の活用

単純時制		複合時制	
現在	je chante	複合過去	j'ai　chanté
半過去	je chantais	大過去	j'avais chanté
単純未来	je chanterai	前未来	j'aurai chanté
単純過去	je chantai	前過去	j'eus　chanté

現在　**Je chante** dans une chorale tous les vendredis soirs.
私は毎週金曜の夜に合唱団で歌う。

半過去　Autrefois, **je chantais** dans une chorale tous les vendredis soirs, mais maintenant, je ne chante plus.
以前，私は毎週金曜の夜に合唱団で歌っていたものだが，今はもう歌っていない。

単純未来　**Je chanterai** demain soir avec ma chorale pour un concert de charité.
私は明日の夜，チャリティーコンサートで合唱団で歌う予定だ。

複合過去　**J'ai chanté** hier avec ma chorale pour un concert de charité.
私は昨日，チャリティーコンサートのために合唱団で歌った。

大過去　Alors que **j'avais** déjà **chanté** une fois cette chanson, le public m'a demandé de la rechanter.
この歌はすでに一度歌ったけれども，観客からもう一度歌うようにリクエストされた。

前未来　Quand **j'aurai chanté** cette chanson, je vous raconterai une petite histoire.
この歌を歌い終えたら，あなたにちょっとしたお話をしましょう。

前過去　Quand **j'eus chanté** la chanson, les enfants la chantèrent à leur tour en chœur.
私がその歌を歌い終わると，今度は子どもたちがその歌をコーラスで歌った。

これらの時制と動詞の活用はマスターできていますか？　もし忘れている時制や活用があれば，もう一度復習してから第２章の練習問題に取り組みましょう。

ここでは**前未来**，**単純過去**と**前過去**，**複複合過去**について見ておきましょう。

前未来

前未来は単純未来の完了形で，未来のある時点までに完了している行為を表します。

助動詞（avoir/être）の単純未来＋過去分詞

Je te dirai quand j'**aurai eu** les réponses. Ex. 5
返事をもらったらあなたにも伝えるわ。

次に，書き言葉で用いられる単純過去と前過去について見ておきましょう。

単純過去

過去において完了した動作や出来事を，現在とつながりのない過去の一時点のこととして表します。歴史や物語などの書き言葉で用いられます。
活用語尾は次のようになります。

a 型	不定詞が -er で終わる動詞
i 型	第２群規則動詞，partir, prendre, attendre, mettre など
u 型	être, avoir など
ir 型	venir, devenir, tenir など

■第１群規則動詞

chanter	
je	chant**ai**
tu	chant**as**
il	chant**a**
elle	chant**a**
nous	chant**âmes**
vous	chant**âtes**
ils	chant**èrent**
elles	chant**èrent**

■第２群規則動詞

finir	
je	fin**is**
tu	fin**is**
il	fin**it**
elle	fin**it**
nous	fin**îmes**
vous	fin**îtes**
ils	fin**irent**
elles	fin**irent**

être		avoir		devenir	
je	**fus**	j'	**eus**	je	dev**ins**
tu	**fus**	tu	**eus**	tu	dev**ins**
il	**fut**	il	**eut**	il	dev**int**
elle	**fut**	elle	**eut**	elle	dev**int**
nous	**fûmes**	nous	**eûmes**	nous	dev**înmes**
vous	**fûtes**	vous	**eûtes**	vous	dev**întes**
ils	**furent**	ils	**eurent**	ils	dev**inrent**
elles	**furent**	elles	**eurent**	elles	dev**inrent**

前過去

単純過去とともに用いられ，その直前に完了した動作・行為を表します。

助動詞 (avoir/être) の単純過去＋過去分詞

Une fois qu'il **fut retourné** en France, il reprit le pouvoir en mars 1815 pendant 100 jours. Ex. 5

彼［＝ナポレオン］はひとたびフランスに戻るや，1815年3月に100日にわたり権力を取り戻した。

複複合過去

この時制は古フランス語からあり，日常語における前過去の代わりに用いられるようになりました。現在では多くの場合，話し言葉で使われます。

助動詞 (avoir/être) の複合過去＋過去分詞

主節の複合過去に対して，その前に完了した行為を表します。

Dès que / Après que / Sitôt que j'**ai eu fini** mon travail, je suis rentré chez moi.

私は仕事を終えるとすぐに家に帰った。

À peine **a**-t-il **eu quitté** la maison qu'elle a pris feu !

彼が外出するとすぐに家は火事になった。

また，大昔の出来事やもう思い出にかわってしまったことというニュアンスがあります。

J'**ai eu été** facteur autrefois.

私は大昔郵便配達をしていた。

Elle **a eu fait** ce travail pendant des années dans sa jeunesse.
彼女は若い頃に数年その仕事をしていた。

助動詞êtreをとる動詞の複複合過去はまれで，次の文では多くはQuand il est enfin venuといいます。
Quand il **a été** enfin **venu**, nous avons commencé le repas.
彼がやっと来たところで，私たちは食事を始めた。

代名動詞の複複合過去は用いられません。

聴き取りのポイント

- 主語と動詞の時制に気をつけましょう。
- 主語と助動詞の発音の違いに注意しましょう。

  ㊎ **j'ai** chanté / **je** chantais
  主語＋助動詞 j'ai [ʒe] / 主語 je [ʒə]
- 動詞の活用語尾に注目しましょう。

  ㊎ je **chantais** [ʃɑ̃tɛ] / je **chantai** [ʃɑ̃te]

動詞の活用語尾がほぼ同じ音に聞こえますが，単純過去は書き言葉で用いられ，日常会話ではほとんど使われません。

西暦年号の読み方

008 1885 **mille huit cent** quatre-vingt-cinq
dix huit cent quatre-vingt-cinq Ex. 6

最初の２桁に２通りの読み方があります。
西暦年号の場合にはmilと書くことがありますが，現在ではmilleのほうが一般的です。英語のようにcentを省略することはありません。

EXERCICE 1 音声を聴き，各人物を表す特徴を左から選びなさい。

ポイント 直説法現在形

A) 009

① mal connaître son smartphone
② employé(e) de banque
③ fonctionnaire
④ donner des explications
⑤ laisser un message
⑥ la vaisselle
⑦ le petit déjeuner

Ma femme : ____, ____, ____

Moi : ____, ____, ____, ____

B) 010

① entendre son portable sonner
② faire un régime
③ manger des tartines
④ partir
⑤ proposer un sandwich
⑥ thé le matin

Elle : ____, ____, ____, ____

Lui : ____, ____

C) 011

① accélérer
② connaître le code
③ éteindre leur portable
④ enlever leur ceinture
⑤ ralentir

Ce que doivent faire les automobilistes : ____, ____

D) 012

① créer des emplois
② arrêter la grève
③ déposer le bilan
④ négocier avec les grévistes
⑤ faire banqueroute

Ce que voudrait le patron :

____, ____

EXERCICE 2 音声を聴き，質問に答えなさい。

ポイント 複合過去形

013 A）Remettez dans l'ordre ce qu'a fait son fils.

① grasse matinée → école → piscine

② piscine → école → grasse matinée

③ école → piscine → grasse matinée

014 B）1）Qu'est-ce qu'il ne retrouve plus ?

____

2）Quels participes passés（過去分詞）avez-vous entendus ?（複数解答）

☐ oublié　☐ égaré　☐ pris　☐ posé　☐ perdu　☐ volé

015 C）1）Qu'est-ce qu'elles ont fait hier ?

① faire les soldes　② faire du shopping　③ faire du lèche-vitrine

2）Ont-elles acheté des robes ?

① Oui, deux.　② Non, aucune.

016 D）1）Qu'ont-elles vu à Kyoto ?

① le sanctuaire Shimogamo　② le Pavillon d'or　③ le temple Kiyomizu

2）Que souhaiteraient-elles visiter la prochaine fois ?

____

017 E）Qu'est-il arrivé à Pierre ? Complétez.

Pierre ______________ les pieds dans la laisse et il ______________.
Il ______ tout ____________________ sur le ventre et ______________
le bras. Une ambulance l' ______________ dans un hôpital.

018 F）Complétez.

Mon mari n'a pas pu ______________ et ______________ avant de partir.
Moi, j' ______________ la maison vers 10h30.

019 G）Pourquoi a-t-il l'air très fatigué ?

Il a ______________________________ de l'après-midi jusqu'à deux heures du matin.

020 EXERCICE 3 音声を聴き，答えなさい。

ポイント 半過去形，大過去形，複複合過去形

A） Quels métiers a-t-il exercés ?（複数解答）

□ antiquaire	□ coursier	□ enseignant
□ facteur	□ guichetier	□ plongeur sous-marin
□ restaurateur	□ serveur	□ vendeur

B） Pourquoi faisait-il des petits boulots ?

① Pour financer ses études.

② Pour faire des voyages.

③ Pour boire avec sa grand-mère.

C） 1） Où enseignait-il ?

① Au collège. ② Au lycée. ③ À l'université. ④ On ne sait pas.

2） Quelle matière ?

① L'économie. ② L'éducation physique.

③ Les sciences physiques. ④ Les sciences de la vie et de la nature.

D） Que signifie « *faire la plonge* » ?

① Être homme-grenouille.

② Faire de la plongée sous-marine.

③ Laver la vaisselle et les ustensiles de cuisine.

E） Écoutez et choisissez :

① Papa m'a dit que tu **avais été / étais / as été** facteur.

② Je ne **connais / connaissais / connus** pas encore Mamy.

③ En parallèle, **j'ai commencé / je commençais / j'avais commencé** mes études.

④ C'est comme ça que **je connais / j'ai connu / je connus** ta grand-mère.

⑤ Elle **s'est assise / était assise / s'était assise** à la terrasse.

⑥ Elle **burait / buvait / boivait** son thé.

EXERCICE 4 音声を聴き，質問に答えなさい。

ポイント 単純未来形

021 A) À quel âge pourra-t-elle conduire ?
① À 16 ans en conduite accompagnée. ② À 17 ans. ③ À 18 ans.

022 B) 1) Quel jour et à quelle date iront-ils chez leur grand-père ?
____

2) Où pourront-ils aller avec leurs cousins après déjeuner ?
① Tout près. ② Dans les champs. ③ Dans le pré. ④ Dans le jardin.

023 C) Quand devrait-il recevoir la lettre ?
① Demain matin. ② À 11 heures. ③ À midi. ④ Demain soir. ⑤ Après-demain.

024 D) 1) Où comptent-elles se rendre ce week-end ?
① En Aquitaine. ② En Auvergne. ③ Dans les Hauts-de-France.
④ En Ile-de-France.

2) Que vont-elles offrir à leur tante ?
Un ______ en ______________ de Limoges.

025 E) 1) Quand aura-t-il les résultats de son examen ?
Vers le ______ ou ______ juillet.

2) Quelle mention et quelle moyenne générale ce candidat souhaiterait obtenir ? ☐ Assez bien. ☐ Bien. ☐ Très bien.
☐ 14. ☐ 14,25. ☐ 14,5. ☐ 15. ☐ 15,25. ☐ 15,5.

026 F) Qui va-t-il appeler lundi et pour quoi faire ensemble ?
Il appellera ______________ pour ______________ ensemble.

027 G) Écoutez et choisissez :
Il **devra** / **doit** venir chez moi. Il le **fera** / **faudra**. Sûr, il **viendra** / **reviendra**. Il s'**assiéra** / **asseoira** dans ce fauteuil. Il **verra** / **boira** un verre de son whisky préféré. Je lui **ai proposé** / **proposerai** alors de nous réconcilier. Il **voudra** / **pourra** peut-être enfin m'écouter.

028 H) Que pense-t-il faire pendant ces trois jours de vacances ?
① Rester à la maison à cause de la pluie.
② Aller cueillir des champignons. ③ On ne sait pas.

EXERCICE 5

ポイント 直説法の主な時制

029 Partie 1 音声を聴き，JulieたちのスケジュールのA〜Lを選びなさい。

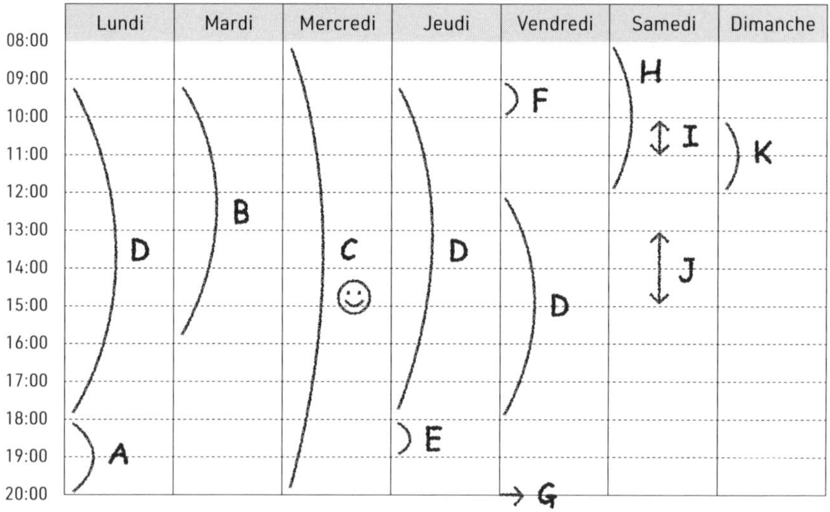

Occupations :

① Parc Astérix ② travail ③ enfants à la bibliothèque ④ centre sportif ⑤ tarte
⑥ ménage ⑦ heures supplémentaires ⑧ films d'horreur ⑨ Ikea ⑩ repos ⑪ marché

Réponses :

A ⑦ B ___ C ___ D ___ E ___ F ___ G ___ H ___ I ___ J ___ K ___

030 Partie 2 音声を聴き，答えなさい。

A）Où vont-ils vendredi ? Chez qui ? Pendant combien de temps ?

____

B）Quelles activités feront-ils samedi prochain ?

_______ le matin et puet-être _______________ enfin l'aprés-midi.

C）Que se passe-t-il à la fin du mois ?

① Une annonce. ② Une embauche. ③ Un licenciement.

④ Une réembauche.

D）Que signifie « dire merde à quelqu'un » dans ce contexte ?

① Faire comprendre à quelqu'un qu'on ne l'aime pas.

② Insulter quelqu'un.

③ Souhaiter bonne chance à quelqu'un.

中級

EXERCICE 6 音声を聴き，答えなさい。

ポイント 単純過去形，大過去形

Texte 1

031

A) Il a été : ☐ compositeur. ☐ dramaturge. ☐ écrivain. ☐ poète.
☐ prosateur.

B) Il est né en ________ et mort en ________.

C) Pendant son enfance, il a beaucoup
☐ déménagé. ☐ écrit. ☐ étudié. ☐ voyagé. ☐ travaillé.

D) Qui était Adèle Foucher ? ________

E) Son père fut : ☐ déménageur. ☐ homme d'affaires. ☐ militaire.

F) Quelle type d'éducation a-t-il reçu ?
☐ Catholique. ☐ Laïque. ☐ Luthérienne.

G) Écoutzez et choisissez :
Il **naquit** / **est né** en 1802.
Il **fut** / **fit** véritablement un témoin.
Ils **surent** / **eurent** cinq enfants.
Lorsque la révolution de 1848 **fut** / **eut** lieu.
Il **devint** / **devient** alors le champion.
Il **écrivit** / **décrivit** beaucoup de romans.

Texte 2

032

A) Combien de temps résida-t-il sur l'île d'Elbe ? ________

B) Combien de temps resta-t-il au pouvoir une seconde fois ?
____

C) Où fut-il envoyé la seconde fois ? ________

D) Quand eut lieu la bataille de Waterloo ? ________

E) Quand revint-il au pouvoir ? ________

F) Quelle est la date de son décès ? ________

G) Écoutez et choisissez :
Mais après **qu'il a entendu** / **qui l'a entendu** / **qu'il eut entendu** parler d'un projet.
Une fois qu'il **eut retourné** / **fut retourné** / **put retourner** en France.
En effet, à peine **a-t-il** / **utile** / **eut-il** perdu la bataille de Waterloo.

第3章　前置詞と副詞

文法の復習

前置詞

①前置詞 **à / en / dans** ＋地名と冠詞

・**à ＋都市名**　都市名の前でàを用います。冠詞はつきません。

à Porto　ポルトで　　**à** Madrid　マドリッドで

都市名にもともと定冠詞がついている場合は，前置詞と定冠詞が縮約します。

le Havre　ル・アーブル → **au** Havre en France　フランスのル・アーブルで

le Caire　カイロ → **au** Caire en Égypte　エジプトのカイロで

le Cap　ケープタウン → **au** Cap en Afrique du Sud　南アフリカ共和国のケープタウンで

・**前置詞 à / en ＋国名**

国名が男性名詞のときは，à＋定冠詞＋国名。冠詞が縮約されてau, auxになります。

au Portugal　　**au** Canada　　**au** Royaume-Uni

aux Pays-Bas　　**aux** États-Unis

国名が女性名詞および母音字で始まる男性単数名詞のときは，en ＋無冠詞国名

en France　　**en** Espagne　　**en** Suède　　**en** Écosse　　**en** Égypte

en Afrique du Sud　　**en** Nouvelle-Zélande　　**en** Russie

en Afghanistan (*m.*)　　**en** Israël (*m.*)　　**en** Iran (*m.*)　　**en** Iraq (*m.*)

・**島の名前**

女性名詞の大きな島にはen，女性名詞の小さな島にはà laを用います。

en Corse　コルシカ島で　　**à la** Réunion　レユニオン島で

複数形のîles（諸島，群島）にはauxを用います。

aux îles Canaries　カナリア諸島で

aux Philippines　フィリピン（諸島）で　　**aux** Antilles　アンティル諸島で

aux Comores　コモロ（マダガスカル島の北西にある島嶼国家）

・**地方名**　通常はenを用いて無冠詞です。

en Alsace　アルザスで　　**en** Bretagne　ブルターニュで

ただし語頭が子音の男性名詞には，dans leを用いることがあります。

dans le Bordelais dans le Sud-Ouest de la France　フランス南西のボルドー地方に

le Midi（南フランス）にはつねにdansを用います。

dans le Midi　**dans** le Massif Central　マシフ・サントラル（フランスの中央山塊）

dans le massif du Mont-Blanc　モンブラン山塊

②前置詞＋月名

enを用いて無冠詞。またはau mois de ＋無冠詞。

en mars / **au mois de** mars　3月に

③前置詞＋季節

au printemps　**en** été　**en** automne　**en** hiver

副詞

①副詞の作り方

語尾が -mentで終わる副詞は，原則として形容詞の女性形から作られます。

lent → lente → lente**ment**　ゆっくりと

doux → douce → douce**ment**　穏やかに，ゆっくりと

joyeux → joyeuse → joyeuse**ment**　喜んで，陽気に

語尾が -eで終わる男女同形の形容詞には，そのまま -mentをつけます。

fixe → fixe**ment**　じっと

rapide → rapide**ment**　速く，迅速に

男性形の語尾が -e以外の母音で終わる形容詞は，そのまま -mentをつけます。

poli → poli**ment**　礼儀正しく，丁寧に

vrai → vrai**ment**　本当に

次のような少数の副詞については，語尾が -émentとなります。

intense → intens**ément**　激しく　précis**ément**　正確に　profond**ément**　深く

男性形の語尾が -ant, -entの形容詞は，-amment, -emmentとなります。

brillant → brill**amment**　輝かしく，すばらしく

prudent → prud**emment**　用心深く

形容詞gentilについては，genti**ment**（親切に）となります。

②副詞を聴き取る

-mentと聞こえてきたら，副詞だと考えることができます。副詞は，文頭，動詞の後，または形容詞の前に置かれます。

副詞の表す意味を -ment の副詞で見てみましょう。

・**様態**　heureusement, malheureusement, joyeusement

・**時**　actuellement, dernièrement, éventuellement, fréquemment, immédiatement, incessamment, précédemment, présentement, prochainement, récemment, soudainement

・**量/強度**　affreusement, énormément, exagérément, extrêmement, intensément, modérément, suffisamment, tellement

・**肯定/否定**　certainement, évidemment, manifestement, précisément, sûrement, vraiment, aucunement, nullement

・**疑惑**　apparemment, probablement

さらにもう一歩！

練習のすすめ方（1）

シチュエーションを把握して，展開を予想する

音源を聴く前に，まずは練習問題の選択肢に目を通しましょう。シチュエーションを想像し，誰が誰に対して話しているのか，どのような情報を聴き取ればいいのかを予想しましょう。相手や第３者が「何について」話しているのかを読み取り，自分は「何を」答えるべきかということに常にアンテナを張るためのよい訓練になります。シチュエーションがおおまかにわかったら，次に会話の主な要素（いつ，どこで，誰が，何を，なぜ，どのように）を考えましょう。そして，発話のニュアンスを聴き取りながら，会話の展開を予想します。

場所を表す前置詞，前置詞句

・場所を表す前置詞

033

chez の家に	**chez** ses parents	Ex. 3
contre によりかかって，に触れて	**contre** le mur du placard	Ex. 3
derrière の後ろに	**derrière** la porte	Ex. 3
devant の前に	**devant** l'école	Ex. 3
jusque まで	**jusqu'au** bout du monde	Ex. 3
parmi の中で	**parmi** une centaine d'autres	Ex. 3
sous の下に	**sous** la fenêtre de la chambre	Ex. 3
sur の上に	**sur** le toit de l'immeuble	Ex. 3

・場所を表す前置詞句

à côté de のそばに	à travers を横切って	
au dedans de の中に	en dedans de の内側に	
au dehors de の外に	en dehors de の外側に	
au-delà de の向こうに	au-dessous de の下に	
au-dessus de の上に	juste **au-dessus de** la cheminée	Ex. 6
au milieu de のまん中で	**au milieu du** salon	Ex. 6
auprès de のそばに		
autour de のまわりに	**autour de** la table basse rectangulaire	Ex. 6
du côté de の方へ	en deçà de のこちらがわに	
en face de の正面に		
hors de の外に	**hors du** village	Ex. 3
le long de に沿って	loin de から遠くに	
par-delà のかなたに	par-dessous の下から	
par-dessus の上から	près de の近くに	
vis-à-vis de の面前で	**vis-à-vis des** autres	Ex. 3

EXERCICE 1 音声を聴き，下線に前置詞を書きなさい。

ポイント 地名・季節とその前置詞

034 A) ____ le Bordelais
____ le Sud-Ouest
____ le Massif Central
____ le Midi
____ la Côte d'Azur

035 B) ____ printemps ____ mars
____ Havre ____ France
____ Porto ____ Portugal
____ Madrid ____ Espagne
____ Stockholm ____ Suède
____ Amsterdam ____ Pays-Bas
____ Édimbourg ou ____ Glasgow ____ Écosse ____ Royaume-Uni

036 C) ____ été
____ Caire ____ Égypte
____ Cap ____ Afrique du Sud
____ Nouvelle-Zélande
____ Amérique du Nord, ____ États-Unis et ____ Canada

037 D) Saint-Pétersbourg ____ Russie
____ automne

038 E) ____ hiver
____ Taïpei, c'est ____ Taïwan
____ Philippines
____ Mayotte
____ Polynésie Française

039 EXERCICE 2 与えられた前置詞を使って文を完成させ，音声を聴き，確かめなさい。必要のないところには×を入れなさい。

ポイント 前置詞

au　de　en　à　par　en　avant　pour　avec　du　vers

A）La longueur ____ ce fleuve est ____ 547 kilomètres.
B）Tournez ____ droite ____ troisième feu.
C）Je vais en France ____ la fin ____ mois
D）Il faut terminer ce travail ____ demain.
E）____ réussir dans la vie, il faut étudier sérieusement.
F）J'ai été étonné ____ son attitude étrange.

G）Mon fils est sorti ____ l'université et est devenu ____ docteur.
H）Je fréquente ____ le club de sport trois fois ____ semaine.
I）Cette lettre est ____ Mamie.
J）Elle est tombée ____ vélo et s'est blessée.
K）Les oiseaux migrateurs se sont dirigés ____ le sud.
L）Remplissez ____ ce document ____ un crayon noir.

M）L'an passé, je suis allé ____ Miyakojima ____ bateau.
N）Ma grand-mère est décédée ____ l'âge de cent ans.
O）Tiens ! Tu vois bien que ce porte-monnaie n'est pas ____ cuir !
P）Les enfants jouent ____ parc ____ le chien.
Q）Ce chapeau va bien ____ ta robe.
R）Il ne faut pas confondre ____ amour et amitié.

040 EXERCICE 3

音声を聴き，日本語が正しい（Vrai）か正しくない（Faux）かを選びなさい。次に，使われている前置詞を書き取りなさい。

ポイント 前置詞

		Vrai	Faux
A）彼女は誰に対しても思いやりがある。	vis-à-vis	☐	☐
B）ユゴーのお父さんは毎日彼を学校の前で待っている。	＿＿＿＿	☐	☐
C）ヴァンサンはもう両親の家で暮らしていない。	＿＿＿＿	☐	☐
D）約束する。7 時から 7 時 15 分の間に着くからね。	＿＿＿＿	☐	☐
E）掃除機はクローゼットに片づけてある。	＿＿＿＿	☐	☐
F）小学生たちは学校の中庭で走りながら遊んでいる。	＿＿＿＿	☐	☐
G）誰かがドアの向こうで私たちの話を聞いている。	＿＿＿＿	☐	☐
H）申し訳ありません。1 時間遅れて到着します。	＿＿＿＿	☐	☐
I）僕の彼女はきっと僕と一緒に世界の果てまで行ってくれるだろう。	＿＿＿＿	☐	☐
J）この学生たちは授業中ずっとおしゃべりしている。イライラする。	＿＿＿＿	☐	☐
K）マンションの屋根に穴があいている。	＿＿＿＿	☐	☐
L）寝室の中に電気ストーブを設置した。	＿＿＿＿	☐	☐
M）私の祖父母は村のはずれの一軒家に暮らしている。	＿＿＿＿	☐	☐
N）新聞によると，明日は寒い日になる。	＿＿＿＿	☐	☐
O）彼によると，私には教養が足りないそうだ。	＿＿＿＿	☐	☐
P）彼女なしでは生きられない。	＿＿＿＿	☐	☐
Q）会計に問題がある。100 枚ほどの領収書の中から大事な数枚が見つからない。	＿＿＿＿	☐	☐
R）ごく幼い頃から，ますます多くの子どもが画面に釘付けになっている。	＿＿＿＿	☐	☐
S）天気が悪くても，私は絶対に外出する。	＿＿＿＿	☐	☐
T）シャンゼリゼ大通りでリシャールと出会わなかった。	＿＿＿＿	☐	☐

041 EXERCICE 4

［　］の中の同じような意味を持つ表現を確認しなさい。次に，音声を聴き，使われている表現を選びなさい。

ポイント 難しい前置詞とその意味

A）［**Grâce à - À cause d'**］elle, j'ai pu rembourser mon prêt.

B）［**Compte tenu de – Vu – En raison de**］la situation, je ne sais que dire.

C）［**Grâce à – En raison d' - À cause d'**］une grève de la RATP, le service dans Paris est particulièrement perturbé.

D）［**Après - À la suite de**］votre courrier, nous avons décidé de vous contacter.

E）［**À cause d' – Du fait d' – En raison d'**］intempéries, le trafic entre Lyon et Chambéry est interrompu.

F）Tu m'épateras toujours. Tes connaissances sont infinies［**à l'égard des – comparées aux**］miennes.

G）［**Eu égard à – En considération de - Vu**］sa célébrité, nul besoin de le nommer.

H）Elle doit faire cette injection［**à raison de – à proportion de**］deux fois par semaine.

I）Il est indifférent［**à l'égard de – vis-à-vis de - avec**］ceux qui ont perdu un proche.

J）［**À propos de – Au sujet de – En ce qui concerne – Pour ce qui est de**］l'année 2000, voici en quelques mots le bilan économique de la France.

K）［**Par égard pour – Du point de vue d'**］elle, je ne le lui avouerai jamais.

L）［**Au sujet de – En ce qui concerne – Pour ce qui est de**］la réunion, je vous propose le 15 mai à 9h00. Ça vous convient ?

M）Isabelle va rester à la maison.［**En ce qui te concerne – Quant à toi**］, tu viens avec moi.

N）［**D'après – Du point de vue de - Selon**］Sophie, cette théorie tient la route. Moi, j'en doute.

O）［**Du fait de – Eu égard à**］son témoignage l'innocentant, les policiers l'ont relâché.

042 EXERCICE 5

音声を聴き，A～Lの絵に合う文を①～⑫から選びなさい。もう一度聴き，使われている副詞を書き取りなさい。最後に，それぞれの副詞のもとになった形容詞を男性単数形で書きなさい。

ポイント 副詞の使い方

A（ ② ）

副詞 gentiment

形容詞 gentil

B（　　）

副詞 ＿＿＿＿

形容詞 ＿＿＿＿

C（　　）

副詞 ＿＿＿＿

形容詞 ＿＿＿＿

D（　　）

副詞 ＿＿＿＿

形容詞 ＿＿＿＿

E（　　）

副詞 ＿＿＿＿

形容詞 ＿＿＿＿

F（　　）

副詞 ＿＿＿＿

形容詞 ＿＿＿＿

G（　　）

副詞 ＿＿＿＿

形容詞 ＿＿＿＿

H（　　）

副詞 ＿＿＿＿

形容詞 ＿＿＿＿

I（　　）

副詞 ＿＿＿＿

形容詞 ＿＿＿＿

J（　　）

副詞 ＿＿＿＿

形容詞 ＿＿＿＿

K（　　）

副詞 ＿＿＿＿

形容詞 ＿＿＿＿

L（　　）

副詞 ＿＿＿＿

形容詞 ＿＿＿＿

043 中級

EXERCICE 6 音声を聴き，質問に答えなさい。

ポイント 物の位置，位置を表す前置詞

A） Où sont les fauteuils et la table basse ?

Ils sont ________ de la table basse qui est, elle, ____ ________ du salon.

B） Son écran plat est | ☐ au-dessous ☐ au-dessus ☐ en face de ☐ à droite | de la cheminée.

C） Les bûches sont | ☐ contre ☐ devant ☐ à gauche de ☐ dans | la cheminée.

D） Quand a-t-elle fait une flambée ?

________ son arrivée. Environ ________ minutes auparavant.

E） Choisissez les quatre bons dessins (un par ligne) :

①

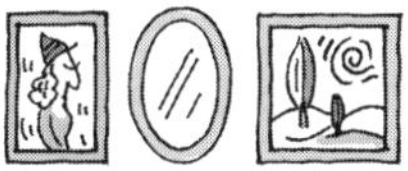
②

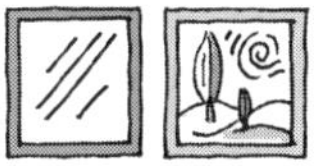
③

④

⑤

⑥

⑦

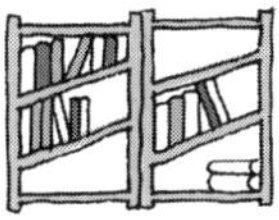
⑧

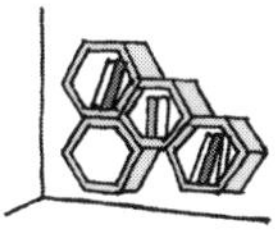
⑨

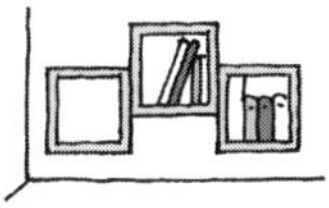
⑩

⑪

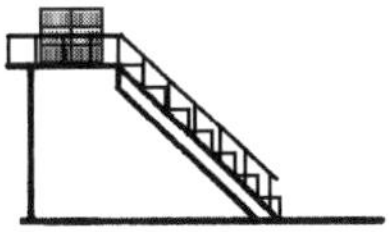
⑫

⑬

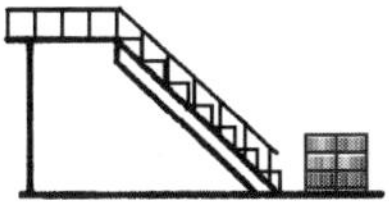
⑭

第4章 疑問詞，不定形容詞・不定代名詞

文法の復習

疑問文の作り方，疑問代名詞・疑問副詞・疑問形容詞

疑問文の作り方3通りを復習しましょう。

❶イントネーションを上げる［主に口語で使われる］

❷文頭にest-ce queをつける

❸主語の人称代名詞と動詞を倒置して（単純倒置），« — »（trait d'union）でつなぐ［主に文語で使われる］主語が名詞のときは複合倒置をします。

①疑問代名詞

人	もの
主語	**主語**
qui En français, **qui** comprendra ? Ex. 2 フランス語だと，誰が理解できるだろう？ **qui est-ce qui**	**qu'est-ce qui**
直接目的語・属詞	**直接目的語・属詞**
qui（＋倒置形） **qui est-ce que**	**que**（＋倒置形） **Que** mange-t-on ce soir ? Ex. 1 今晩，何食べよう？ **qu'est-ce que** **Qu'est-ce qu'**on va faire cette fois-ci pour la fête de l'université ? Ex. 2 大学祭，今回は何しよう？ **quoi**
間接目的語・状況補語	**間接目的語・状況補語**
前置詞＋qui（＋倒置形） **À qui** téléphone-t-il sans cesse ? Ex. 1 彼は誰にずっと電話しているんですか？ **前置詞＋qui est-ce que**	**前置詞＋quoi**（＋倒置形） **En quoi** consiste ton travail ? Ex. 1 きみの仕事はどのような内容なの？ **前置詞＋quoi est-ce que**

044

聴き取りのポイント

３人称単数・複数の活用語尾は肯定文では発音されませんが，倒置疑問文では発音されるようになります。

il est	est-il ... ?	ils chantent	chantent-ils ... ?
ils sont	ont-ils ... ?	il prend	prend-il ... ?

３人称単数の活用語尾が母音 [ə / a] で終わる動詞を倒置疑問文にするときは，動詞と il/elle の間に « -t- » を入れます。この « t » は音調を整えるためで，意味はありません。

il chante	chante-t-il ... ?
elle parle	parle-t-elle ... ?
il a	a-t-il ... ?

②疑問副詞

quand **Quand** partez-vous ?
時（いつ） いつ出発されますか？

où **Où** allez-vous en famille pendant les vacances ? Ex. 1
場所（どこ） ヴァカンスはご家族でどこに行かれますか？

comment **Comment** vas-tu t'habiller pour ce soir ? Ex. 1
様態（どのように） 今夜は何を着るつもり？

pourquoi **Pourquoi** pleurez-vous ? Ex. 1
理由（なぜ） あなたはなぜ泣いているんですか？（～だから）

combien **Combien** coûte cette barquette ? Ex. 1
数量（いくら） これ一箱いくらですか？

combien de ＋ 無冠詞名詞 どれだけの～
Dans **combien de temps** arriveras-tu à la maison ? Ex. 1
あとどのくらいできみは家に着く？

疑問副詞があるときも，文型は３通りです。

❶疑問詞を文末におく［くだけた言いかた］
❷疑問詞を文頭において，est-ce que ＋主語＋動詞
❸疑問詞を文頭において，主語と動詞を倒置

③疑問形容詞

関係する名詞の性・数に合わせて適切なかたちを選びます。

	単数	複数
男性	quel	quels
女性	quelle	quelles

Quelle est la date de sortie ? Ex. 1

封切りはいつですか？

疑問形容詞の発音はすべて［kɛl］ですが，リエゾンとアンシェヌマンに注意しましょう。

Quelles études aimeriez-vous faire ? Ex. 1

Quelle heure est-il ? Ex. 1

不定形容詞・不定代名詞

不定形容詞と不定代名詞を確認しておきましょう。

①不定形容詞

単数　quelque, certainなど

Un **certain** nombre de mes amis ne sont pas contents de leur situation professionnelle. Ex. 3

私の友人の何人かは，自分たちの仕事の状況に満足していない。

La répartition des tâches a été adaptée dans une **certaine** mesure.

業務の分担がある程度調整された。 Ex. 3

複数　plusieurs, certains, quelques, divers, différentsなど

depuis **plusieurs** mois　ここ数ヶ月来 Ex. 3

J'ai **quelques** amis américains. Ex. 3

私にはアメリカ人の友だちが何人かいる。

②不定代名詞

単数　quelqu'un, quelque choseなど

J'ai **quelque chose** à te dire. J'ai rencontré **quelqu'un** de super. Ex. 3

きみに言うことがある。すごい人に会ったんだよ。

quelqu'unやquelque choseに形容詞をつける場合は，deを介します。

複数　quelques-uns, plusieursなど

Quelques-uns veulent même changer de métier. Ex. 3

何人かは職種を変えたいとさえ思っている。

否定表現のバリエーション

否定文はne ... pasだけでなく，さまざまなバリエーションがあります。

ne ... pas beaucoup
あまり～ではない

ne ... pas encore　まだ～でない

ne ... plus　もはや～ない

ne ... jamais　けっして～ない

ne ... ni ... ni ...　～も～も～ない

ne ... pas du tout
まったく～でない

ne ... pas souvent　めったに～ない

ne ... que　しか～ない

ne ... guère　ほとんど～ない

sans　～なしに

Ex. 3

さらにもう一歩！

練習のすすめ方（2）

音声を聴くー話の流れを大切にー

では音声を聴きましょう。まずは，途中で止めずに最後まで聴いて全体像をつかみましょう。わからない単語が出てきてもそこで音声を止めずに，しばらくガマンです。知らない単語に出会うと，それが気になって思考が止まってしまいがちですが，それまでどのような話をしていて，聴き取れなかったブラックホールのあと，どのように話が続いているか，しばらく追いかけてみましょう。話の流れが助けとなって，聴き取れなかった箇所の意味があとでなんとなくわかってくるという経験ができるようになります。

さて，最後まで聴いたら，大まかなシチュエーションが想像できましたか？

次に，それぞれの重要な情報が聴こえたと思うところで音声を止めて，設問に答えましょう。これを繰り返します。

答え終わったら最後にもう一度，全体を通して聴いて自分の答えを確認しましょう。巻末に解答とスクリプトがあります。答えを確認し，スクリプトを見ながら、音声を何度か聴きましょう。

045 EXERCICE 1

音声を聴き，A）からP）が答えとなる質問の番号を記入し，質問に使われた疑問詞を書きなさい。

ポイント 主な疑問詞

	質問	疑問詞
A）Elle porte un joli pendentif en argent.		
B）Le chien joue avec une balle de tennis.		
C）Mon taxi évitera le centre de Paris pour aller à Charles-de-Gaulle.		
D）Nous allons dix jours aux Seychelles.		
E）Le prochain *Star Wars* sera dans les salles le 13 décembre.		
F）Ces fraises coûtent 4 euros la barquette.		
G）Je vais mettre mon plus beau costume et ma cravate en soie.		
H）À sa petite amie, bien sûr.		
I）Parce que j'ai perdu ma montre Cartier !		
J）Je pense faire un bon pot-au-feu.		
K）Je serai là dans une heure environ.		
L）Il est midi pile. Allons déjeuner !		
M）Je suis informaticien, plus précisément programmateur informatique.		
N）Je pense rentrer vers 21h00-21h15.		
O）Rouge.		
P）J'aimerais bien étudier les sciences politiques.		

046

EXERCICE 2 音声を聴き，内容に合ったものを選びなさい。

ポイント 疑問文の構文

A） Ils vont jouer
① une pièce de théâtre.
② un morceau de musique.
③ une pièce issue de l'opéra.

B） Ils vont parler
① en français.
② en anglais.
③ en japonais.

C） Les costumes
① seront confectionnés par la troupe.
② seront tous achetés.
③ seront soit empruntés soit achetés.

D） On va leur
① donner
② prêter
③ louer
le matériel de scène.

E） 下線部に入る疑問詞の番号を入れなさい。音声を聴き，確認しなさい。

1） ______ on va faire cette fois-ci pour la fête de l'université ?
2） ______ pas jouer une pièce de Molière ?
3） ______ vous voulez jouer ?
4） Mais ______ langue peut-on le faire ?
5） En français, ______ comprendra ?
6） ______ vous ne voulez pas jouer en japonais tout simplement ?
7） Mais ______ nous financerons les costumes ?
8） Et ______ prix donnera-t-on aux gagnants de cette tombola ?
9） Et ______ tu vas trouver le matériel de scène ?
10） Avec ______ on va monter la scène ?

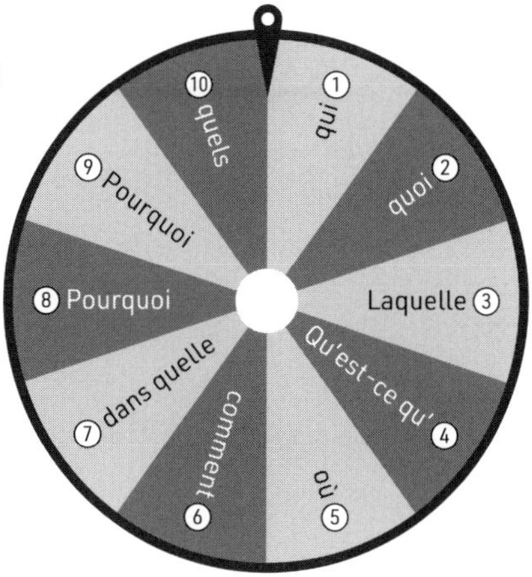

047

EXERCICE 3 音声を聴き，囲みの中から選んで書きなさい。

ポイント 数量の表現，不定形容詞，不定代名詞

autant　beaucoup　deux　d’autre(s)　de nombreux/(ses)
fort (peu)　moins en moins　pas mal　peu　plus ou moins
plusieurs　quelque peu　quelques(-un(e)s)　quelqu’un
tel(le)　trop　un(e) certain(e)　un peu　quelconque
quelque chose

A）______ ______ de personnes ont lu ce livre utile destiné aux 50-60 ans.

B）En ______ mots, j’ai ______ de temps, alors je ne lis pas ______ de livres.

C）Depuis plusieurs mois, de ______ ______ ______ de clients dépensent dans nos boutiques.

D）Le dernier typhon a causé énormément de dégats, chiffrés à ______ milliards de dollars. Il faudra attendre ______ à ______ semaines avant d’avoir tout nettoyé.

E）J’ai ______ amis américains. Je connais fort bien les Campbell depuis ______ ______ années. Ils sont vraiment trop gentils.

F）______ ______ nombre de mes amis ne sont pas contents de leur situation professionnelle. ______ - ___ veulent même changer de métier. ___’ ______ désirent même la retraite anticipée.

G）J’ai ______ ______ à te dire. J’ai rencontré ______’ ______ de super.

H）______ ______ Sherlock Holmes a fait arrêter ce célèbre voleur.

I）Dans une ______ situation, je ne sais pas si ______ ou ______ employé est le meilleur.

J）La répartition des tâches a été adaptée dans ______ ______ mesure.

K）Sois ______ ______ plus calme. Ton attitude est ______ ______ déconcertante !

L）Il y a ______ d’amoureux que d’étoiles dans le ciel.

M）Si vous avez une ______ raison de croire que ce médicament vous rend malade, contactez immédiatement votre médecin. Il peut avoir des effets secondaires.

EXERCICE 4 音声を聴き，次の質問に答えなさい。

ポイント 否定の表現

048
Dialogue 1

A）Elle cherche ① ses clés.
② un portemonnaie.
③ un sac.
④ un manteau.

B）L'objet se trouve ① dans la cuisine.
② dans la chambre.
③ dans le salon.
④ on ne sait où.

C）Quels sont les 5 types de négation（否定形の表現）utilisés dans ce dialogue ?

① ne ... guère ② ne ... jamais ③ ne ... pas
④ ne ... pas beaucoup ⑤ ne ... pas du tout ⑥ ne ... pas encore
⑦ ne ... pas souvent ⑧ ne ... plus ⑨ ni ... ni...
⑩ sans ⑪ ne ... nulle part ⑫ ne ... personne

049
Dialogue 2

D）Elle va entrer ① à l'hôpital.
② au couvent.
③ à la maison de retraite.

E）Elle a un problème ① au pancréas.
② à l'estomac.
③ au cerveau.

F）A-t-elle raison de s'inquiéter ? □ Oui. □ Non.

G）Comme négation, vous avez entendu :

1）Moi, ______________.
2）J'ai vécu ________ une seule grave maladie.
3）Je crains que je ________ tombe gravement malade.
4）Ce ___'est ________ mortel et ça ________ peut ________ se métastaser（転移する）
______________ hésitation.
5）___'ayez crainte.
6）Vous ___'avez ________ raison de vous inquiéter.
7）Je ________ doute ________ que vous ayez raison.

EXERCICE 5 音声を聴き，会話を完成させなさい。次に，C）の表現の意味を確認しなさい。

ポイント 前置詞

A) 050

Le célèbre gentleman cambrioleur Arsène Lupin a réussi 1)_____ 2)_____ sait 3)_____ à s'évader de la prison où il était détenu. Il a problablement demandé à 4)_____ 5)_____ sais 6)_____ de l'aider. Dieu 7)_____ sait qui, 8)_____, 9)_____ et de 10)_____ 11)_____ il a opéré. Inspecteur Belleville, pour le micro de France News, quelles précisions pouvez-vous nous apporter au sujet de cette évasion ?

B) 051

Je tiens à rassurer la population. Tous les moyens sont mis en œuvre pour rattraper le fugitif et ses complices. Certes, on ne sait 12)_____ 13)_____ 14)_____, 15)_____ 16)_____, 17)_____ 18)_____ tout cela s'est produit mais l'enquête progresse. Elle progresse même vite, très vite. Et 19)_____ bien 20)_____ l'individu Lupin nous nargue en envoyant ce matin à la PJ* une lettre accompagnée d'un 21)_____ 22)_____ sais 23)_____ en tissu, nous l'attraperons, vous dis-je, et plus vite que vous ne le pensez. Quoi que tu en penses, mon gaillard, quoi que tu fasses, où que tu sois, tu ne peux plus nous échapper. Lupin, tu es fait !

*la Police Judiciaire 司法警察

C) B）に出てくる表現です。意味を選びなさい。

① être fait	●	●	ⓐ se moquer, braver avec mépris
② mettre en œuvre	●	●	ⓑ être (bientôt) attrapé/piégé
③ narguer	●	●	ⓒ même si, même en prenant compte
④ quand bien même	●	●	ⓓ employer, agir, user

中級

052

EXERCICE 6 音声を聴き，答えなさい。

ポイント 頻度を表す表現，数量の表現

A） Quel examen va-t-elle bientôt passer ?

① Le brevet des collèges. ② Le baccalauréat.

③ Le CAPES. ④ L'agrégation.

B） Quelle est la première matière de cet examen écrit ?

① La chimie. ② La géographie.

③ La philosophie. ④ Les sciences naturelles.

C） Quelle méthode emploie-t-il pour gérer son stress ?

① Il mange un fruit et boit de l'eau.

② Il prend des médicaments.

③ Il fait des pauses.

④ Il se repose.

D） Que veut dire « *j'ai beau réviser* » ?

① Malgré les révisions, ...

② Bien que je révise ...

③ Je révise beaucoup et pourtant ...

E） Trouvez le mot manquant de 5 lettres pour compléter les deux expressions ci-dessous synonymes de *À tout prix* dans « Coûte que coûte, *il faut rester frais le lendemain pour les cours* ! » ?

Quelle que soit la ________, De toute ________,

F） Que signifie le nombre trente-six dans « *j'ai encore trente-six choses à faire* » ?

① Il doit faire trente-six choses.

② Il a trente-six choses à finir.

③ Il a un nombre indéterminé de choses à faire.

第５章 目的語人称代名詞，中性代名詞

文法の復習

目的語人称代名詞

主語	直接目的語	間接目的語	主語	直接目的語	間接目的語
je (j')	me (m')	me (m')	nous	nous	nous
tu	te (t')	te (t')	vous	vous	vous
il	le (l')	lui	ils	les	leur
elle	la (l')		elles		

＊母音または無音のhで始まる動詞の前では，それぞれm', t', l'になります。
＊３人称直接目的語le, la, lesは，人にも物にも用いられますが，間接目的語lui, leurは原則として人にのみ用いられます。

目的語人称代名詞は**動詞の前**に置かれます（肯定命令文を除く）。現在形と複合過去形の語順を見てみましょう。

現在

肯定形 Vous lisez souvent ce journal ? – Oui, je **le** lis souvent. Ex. 1

否定形 Vous voyez cette montagne là-bas ? – Non, je ne **la** vois pas très bien. Ex. 1

複合過去

肯定形 Éric, tu as fait tes devoirs ? – Bien sûr que je **les** ai faits. Ex. 1

否定形 Je ne **t'**en ai pas parlé parce que cela ne te regarde pas. Ex. 4

複合過去形でdéjà, encoreなどの副詞は助動詞と過去分詞の間に置かれます。

Êtes-vous **déjà** allé aux États-Unis ? – Oui, j'y suis **déjà** allé. Ex. 1

Tu l'as dit à tes parents ? – Non, je ne le leur ai pas **encore** dit. Ex. 5

Tu as **encore** dépensé une fortune. Ex. 6

- **人称代名詞が2つ用いられるときの語順**

	me	le		
	te	la	lui	
主語＋(ne)＋	nous	les	leur	＋動詞＋(pas)
	vous			

Je **vous les** apporte tout de suite. Ex. 2

Non, je ne **le leur** ai pas encore dit. Ex. 5

上の組み合わせに当てはまらない場合は次のようになります。

me, te, nous, vousを直接目的語としてlui, leurを間接目的語とすることはできず，その場合は間接目的語を**à＋強勢形**にして動詞の後ろに置きます。

Je te présente **à lui**.　きみを彼に紹介するよ。

中性代名詞

中性代名詞en, y, leも動詞の前に置かれます。

- **en**

  de＋名詞 や 不定冠詞des / 部分冠詞＋名詞， 数量表現に続く名詞 に代わります。

  現在　Du vin, je n'en veux pas. Ex. 3

  複合過去　De bonnes grenouilles, nous **en** avons mangé dans ce restaurant-là ! Ex. 3

- **y**

  à＋物・事柄 や 場所の前置詞＋名詞 に代わります。

  現在　Je n'**y** crois absolument pas ! Ex. 4

  複合過去　À la mairie, j'**y** suis allé trois fois pour rien ! Ex. 3

  同時に用いられるときはy enの順番になります。

  Il y a encore du vin ? – Oui, il **y en** a encore.

- **le**

  無冠詞名詞・形容詞・不定詞・節などに代わります。

  Il était riche autrefois, mais il ne **l'**est plus.
  彼は昔は裕福だったが，今はもはやそうではない。

  中性代名詞と目的語人称代名詞が同時に用いられるとき，中性代名詞は目的語人称代名詞の後に置かれます。

  主語 ＋ 目的語人称代名詞 ＋ en / y / le ＋ 動詞

  Tu veux bien me donner deux feuilles ? – Oui, je **t'en** donne deux. Ex. 3

  Je vais **leur en** parler très vite. Ex. 5

053

聴き取りのポイント：話し言葉における省略，発音の変化

くだけた話し言葉では，語が省略されたり，発音が変わることがあります。Ex. 6 の会話で見てみましょう。

- **否定の ne**

  否定の « ne » が省略されることがあります。ne がなくても動詞の後に pas があるため，否定文であることわかります。

  De toute façon, je l'aimais pas... (← je ne l'aimais pas...)
  J'en crois pas mes yeux ! (← Je n'en crois pas mes yeux !)
  Et toi, si'l y avait que cela ! (← s'il n'y avait que cela !)

- **主語の tu, il**

  « tu » の « u » が脱落してエリジョンが起こります。

  t'es (← tu es)　　t'as raison. (← tu as raison.)

  « il y a », « il faut » といった表現では，il が省略されることがあります。

  Y a anguille sour roche. (← Il y a anguille sous roche.)
  Y a pas de quoi te vanter ! (← Il n'y a pas de quoi te vanter !)
  Faut que tu achètes dès que tu le vois ce qui te plaît.
  (← Il faut que tu achètes...)

- **主語の il, ils**

  « il », « ils » の « l » が子音の前で落ちることがあります。

  Même les voisins, i'disent que t'exagères !
  (← Même les voisins, ils disent que tu exagères !)

- **e [ə] の脱落**

  « je », « me », « te », « ce », « le » など 1 音節の « e » は子音の前で落ちることがあります。

  Faut bien que j'me fasse plaisir toute seule !
  (← Il faut bien que je me fasse plaisir...)

- **je [ʒ(ə)] → [ʃ(ə)]**

  je [ʒ(ə)] は，子音 [f] [k] [p] [s] [t] の前では [ʃ(ə)] に発音が変わることがあります。

  pour que je t'achète autre chose

さまざまな熟語表現

054 Ex. 5 と Ex. 6 で使われているさまざまな熟語表現を見ておきましょう。

＊話＝話し言葉で

quand les poules auront des dents　決して…ない［雌鳥に歯が生えた時に］

Tu comptes le leur annoncer quand les poules auront des dents ?

Ex.5

en avoir plein le dos　話 うんざりしている，もうたくさんだ

J'en ai plein le dos de ton manque de courage.　Ex.5

chercher midi à quatorze heures　簡単なことをことさらむずかしく考える

Quoi qu'il en soit, ne va pas chercher midi à quatorze heures.

prendre son courage à deux mains　話 勇気・気力を奮い起こす

Prends ton courage à deux mains.　Ex.5

être aux anges　有頂天である

Surtout ta mère, elle sera aux anges.　Ex.5

Il ne te mangera pas.

彼はきみをとって食いはしない，そんなに怖がらなくていい。

Et ton père, il ne va pas te manger, lui non plus.　Ex.5

それからお父さん，彼もあなたをとって食いはしないよ。

attendre la Saint-Glinglin　話 いくら待っても無駄だ

Il y a anguille sous roche.　何か隠しごと・たくらみがあるようだ

casser les pieds à qqn　話 …をうんざりさせる，困らせる

faire le beau　気取った態度をする，かっこつける

faire les yeux doux à qqn　…を甘い目つきで見る，…に色目を使う

La moutarde lui monte au nez.

彼 / 彼女はカッとなった［からしが鼻にツンときた］

Il faut laver son linge sale en famille.　内輪のもめ事は内輪で処理せよ［汚れた下着は家で洗わなければならない］

mettre les points sur les i　細かい点まで正確に説明する［ i の上に点を打つ］

(re)mettre les pendules à l'heure　ものごとを元に戻す，きちんと正す

ne pas en croire ses yeux　わが目を疑う

Tu peux (toujours) courir.　話 やってもどうせ無駄だ，そんなのはお断りだ

tomber dans les pommes　話 気絶する

EXERCICE 1 最初に返事を読み，質問A）〜T）を聴きなさい。質問に対する返事を選びなさい。

ポイント 疑問詞

055

Groupe 1

A）質問：4
B）質問：
C）質問：
D）質問：
E）質問：

返事

1）Oui, je la leur ai racontée.
2）Oui, j'en veux bien un.
3）Oui, j'y suis déjà allé.
4）Bien sûr que je les ai faits.
5）Non, hélas, aucun.

056

Groupe 2

F）質問：
G）質問：
H）質問：
I）質問：
J）質問：

返事

6）Oui, je t'en donne deux.
7）J'en vois plusieurs, en effet.
8）Non, je ne la vois pas très bien.
9）Ils en sont rentrés à 18 heures.
10）Oui, je pense souvent à elle.

057

Groupe 3

K）質問：
L）質問：
M）質問：
N）質問：
O）質問：

返事

11）Oui, j'en suis ravie, enchantée même !
12）Oui, ça la préoccupe. Elle y pense constamment.
13）Non, il ne l'a pas fait.
14）J'y serai. Promis !
15）Oui, je le lis souvent. Je suis même abonné.

058

Groupe 4

P）質問：
Q）質問：
R）質問：
S）質問：
T）質問：

返事

16）En effet, ils y ont vécu trois ans. C'était à Bruxelles.
17）Mais je l'ai déjà appelé hier !
18）Je te le donnerai cet après-midi.
19）Il en a vu plusieurs avec moi, mais il n'aime pas trop.
20）Oui, j'en ai trop. Beaucoup trop.

059

EXERCICE 2 音声を聴き，質問に答えなさい。

ポイント 所有・指示・不定・疑問代名詞

A）Où se passe la scène ?

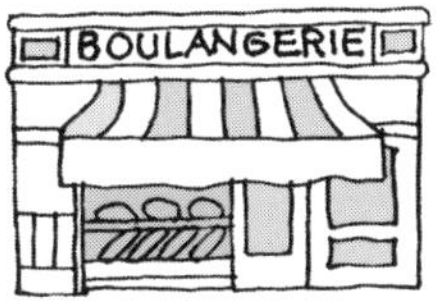

①

②

③

B）Que veut-elle acheter ?

① Des chemises.

② Des chemisiers.

③ Un pantalon.

④ Des pantalons.

C）Où se trouve le rayon ? 以下の中から２つを選ぶこと。

① Sur sa droite. ② Droit devant elle. ③ Sur sa gauche.

④ Derrière elle. ⑤ À l'entrée du magasin. ⑥ Au fond du magasin.

D）Le modèle proposé est c__________e, agréablement l__________r et f__________e. Deux poches côté soulignent le ______ __________ de ce pantalon de détente très __________.

E）Pourquoi le bleu lui déplaît ?

① La couleur ne lui plaît pas.

② C'est trop cher pour elle.

③ Elle préférerait porter une autre matière sur elle.

F）Complétez.

1）Oui, nous ______ avons quelques-uns dans ce rayon là-bas.

2）Je ne ______ trouve pas dans le rayon que vous ___'avez indiqué.

3）Ils ne ______ plaisent pas trop au toucher.

4）Je __________ ______ apporte tout de suite.

5）Ah, celui-là est parfait. C'est décidé. Je __________ prends.

060 EXERCICE 3

例にならって，下線部を文のトピックにして，適切な代名詞を使い文を書き直しなさい。次に，音声を聴き，確認しなさい。

ポイント 口語における名詞句のトピック化

ヒント 部分冠詞の入った目的語の場合，トピック化された名詞句においては部分冠詞を保つが，前置詞deの場合はdeを保たなくてもよい。

㊞ Le professeur est en retard aujourd'hui !
> Le professeur, il est en retard aujourd'hui !

A) J'ai vu la voisine à l'épicerie tout à l'heure.
La voisine, ____________________

B) Ma sœur rentrera à la fac l'an prochain.
Ma sœur, ____________________

C) J'ai eu le baccalauréat il y a plus de 20 ans déjà !
Le baccalauréat, ____________________

D) Nous avons mangé de bonnes cuisses de grenouilles dans ce restaurant-là !
De bonnes cuisses de grenouilles, ____________________

E) J'ai fait faire leurs devoirs aux enfants après l'école.
Aux enfants, ____________________

F) Ma mère a très peur des araignées, qu'elles soient petites ou grosses.
Les araignées, qu'elles soient petites ou grosses, ____________________

G) Je suis allé trois fois à la mairie pour rien !
À la mairie, ____________________

H) Je ne veux pas de vin.
Du vin, ____________________

I) Ils reviennent justement d'Italie !
L'Italie, ____________________

J) Je sais très bien ce qu'il a dit !
Ce qu'il a dit, ____________________

EXERCICE 4 音声を聴き，指示に従って名詞，冠詞，前置詞などに区別しなさい。

ポイント 口語における名詞句のトピック化

1 le / la / les などは定冠詞か目的語代名詞か選びなさい。
061

	A)	B)	C)	D)	E)	F)
代名詞						
冠詞						

2 en は前置詞か代名詞か選びなさい。
062

	G)	H)	I)	J)	K)	L)	M)
代名詞							
前置詞							

3 目的語代名詞は人か物か，もしくは両方を指すのか選びなさい。
063

	N)	O)	P)	Q)	R)	S)	T)	U)
物								
人								
両方指す								

EXERCICE 5 音声を聴き，答えなさい。

ポイント 目的語人称代名詞，中性代名詞

064
Dialogue 1

A）Les enfants reviennent ① avec de la colle. ② de l'école. ③ du sport.

B）Ils sont rentrés ① à l'instant. ② il y a un quart d'heure.

C）Que peuvent-ils prendre dans la cuisine ?

① Leur Papa. ② Leur goûter. ③ Leurs notes.

D）Complétez :

Oui, on ___ revient tout juste.

__________-vous que Papa est en train de _____ ___ préparer.

Je crois qu'il _____ a ______, mes chéris.

065
Dialogue 2

E）Complétez :

1）Non, je ne ___ _____ ai pas ______ dit.

2）Tu comptes ___ ______ annoncer (... .)

3）Tu devais ___ ____ dire hier pour nous deux !

4）Je vais ____ ___ parler très vite.

5）Dis-___-______ simplement comme je ___'ai annoncé aux miens !

6）Tu verras, les tiens ___ seront très contents aussi !

7）(...) j'___ suis certaine

F）Il doit annoncer（複数解答）

① leur séparation ② leur mariage ③ leur fiançailles

④ le fait qu'ils attendent un enfant

G）Que signifient les expressions ci-dessous ?

① En avoir plein le dos ●	● ⓐ Être très joyeux et heureux
② Quand les poules auront des dents ●	● ⓑ Chercher un problème là où il n'en y a aucun
③ Chercher midi à quatorze heures ●	● ⓒ Être agacé, excédé
④ Être aux anges ●	● ⓓ Jamais (dans le futur)

中級

066

EXERCICE 6 音声を聴き，答えなさい。

ポイント 人称代名詞強勢形，くだけた会話表現

A） Pourquoi est-il en colère après sa femme ?

Elle	☐ s'est achetée	☐ un nouveau sac	en cachette.
	☐ a vendu	☐ une montre	
	☐ a jeté	☐ un vase	

B） Reliez les mots à leur illustration :

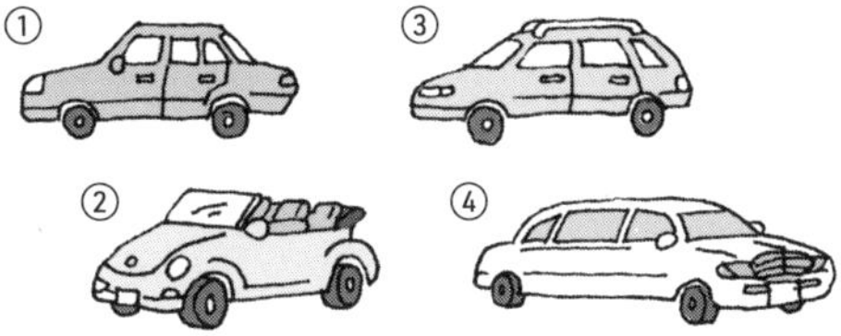

1） ＿＿ une berline

2） ＿＿ un break

3） ＿＿ un cabriolet

4） ＿＿ une limousine

C） Qu'a-t-elle jeté aux toilettes ?

① Une montre. ② Un sac. ③ Un couteau. ④ Une Renault. ⑤ Du linge.

D） Et lui, que pense-t-il laver avec le linge ?

① Une montre. ② Un sac. ③ Un vase. ④ Une bague.

E） Que signifient les expressions ① à ⑪ ?

① Attendre la Saint-Glinglin
② Il y a anguille sous roche
③ Casser les pieds
④ Faire le beau
⑤ Faire les yeux doux
⑥ La moutarde monte au nez
⑦ Laver son live sale en famille
⑧ Mettre les points sur les « i »
⑨ Ne pas en croire ses yeux
⑩ Pouvoir toujours courir
⑪ Tomber dans les pommes

ⓐ Énerver, embêter.
ⓑ Avoir une mauvaise surprise. Quelque chose nous est caché.
ⓒ Être surpris par un propos ou par quelque chose ; ne pas vouloir l'imaginer.
ⓓ Frimer, se pavaner.
ⓔ L'impatience envahit quelqu'un. La colère gagne quelqu'un.
ⓕ Expliquer très clairement quelque chose à quelqu'un qui ne comprend pas ou ne veut pas comprendre.
ⓖ À une date indéterminée, voire jamais.
ⓗ Toutes les dissensions, les scandales familiaux doivent être réglés dans le plus grand secret.
ⓘ S'évanouir, perdre connaissance.
ⓙ Entreprendre une séduction par des regards.
ⓚ Quoi qu'on fasse, on n'atteindra jamais le résultat.

第 6 章　能動態と受動態

文法の復習

能動態と受動態

主語が行う動作（他動詞）が直接目的語に及ぶ場合は能動態（voix active），反対に，受動者（＝他動詞の直接目的語）が主語となって動作を受ける場合は受動態（voix passive）となります。受動態は être＋過去分詞＋（par/de＋動作主） で表され，過去分詞は主語の性数に一致します。

受動態の動作主補語は主に **par** で導かれますが，持続的な状態や習慣を表す場合は par に代わって **de** が用いられます。

J'ai été réveillé **par** un coup de fil anonyme à deux heures du matin.　Ex. 1
午前2時に匿名の電話で目が覚めた。

Il est aimé **de** tous.　彼はみんなに愛されている。　Ex. 1

命令法過去

命令法の複合形 命令形の助動詞＋過去分詞 は前未来を意味し，未来のある時点までに動作が完了しているように命じます。

Ayez fini de taper ce rapport d'ici ce soir 18 heures.　Ex. 5
今日18時までにこのレポートの入力を終えてください。

Soyez levés avant 8 heures demain matin.　Ex. 5
明日の朝は8時までに起きてください。

cf. **Levez-vous** à 8 heures demain matin.
明日の朝は8時に起きてください。

アスペクトと不定詞を伴う表現

動詞が示す行為を，開始・継続・完了などの過程から見たときの動詞の性質を**アスペクト**（aspect）といいます。主要なアスペクトを不定詞を伴う表現とともに見ておきましょう。

① 起動相

commencer à＋不定詞　～し始める
（書き言葉では commencer de を用いることもある）
se mettre à＋不定詞　～し始める，不意に～しだす

② 継続相

continuer de ＋不定詞　～し続ける

continuer àのほうが一般的だが，非人称動詞にはdeを使うことが多い。

être en train de ＋不定詞　～している最中だ，～しているところだ

ne pas être en train de ＋不定詞　～するような気分ではない

③ 完了相

achever de ＋不定詞　～し終える，ついに～してしまう

arrêter de ＋不定詞　～するのをやめる

cesser de ＋不定詞　～するのをやめる

cf. ne pas cesser de ＋不定詞　～するのをやめない，～し続ける，絶えず～する

finir de ＋不定詞　～し終える

④ 近接未来相

aller ＋不定詞　～しようとしている，～するところだ

être près de ＋不定詞　今にも～するところである

être sur le point de ＋不定詞　まさに～しようとしている

⑤ 近接過去相

venir de ＋不定詞　～したばかりである

067

聴き取りのポイント

不規則な命令形

tu, vous に対しては**命令**を，nous に対しては**勧誘**を表します。
直説法現在形の活用から作りますが，次のような例外もあります。

	être	avoir	savoir
(tu)	sois	aie*	sache
(nous)	soyons	ayons	sachons
(vous)	soyez	ayez	sachez

* aie は est と同じ発音ですが，est は文頭に来ることはありません。

067

聴き取りのポイント

動詞を聴き分ける

受動的動作の結果としての状態を表す表現，半過去形，複合過去形を聴き分けましょう。ポイントは動詞です。

Le verre est [ɛ] brisé.　コップが割れている
[コップが割れた結果としての現在の状態]

Le verre était [etɛ] brisé.　コップが割れていた
[コップが割れた結果としての過去の状態]

Le verre a été [ɑ ete] brisé.　コップが割れた
[コップが割れたという過去の動作]

次の例は，音節の数が異なります。

J'ai été [e ete] réveillé.
私は目覚めた。

J'étais [etɛ] réveillé.
私は目覚めていた。

音声を聴きながら，違いに気をつけて繰り返し発音してみましょう。自分で発音できるようになると聴き取れるようになります。

語彙を増やすには

語彙を増やすには，新しい語に出会ったときに同義語や対義語を一緒に覚えるといいでしょう。また派生する名詞や動詞も合わせてチェックしましょう。

㊎ inscription　[女性名詞] 登録
inscrire　（～の名前を）登録する
s'inscrire　（自分の名前を）登録する

さらにもう一歩！

練習のすすめ方（3）

さらにもう一歩！ リーディングの練習

聴き取り問題の答え合わせが終わったら，音声を聴きながらスクリプトを音読してみましょう。リーディングの練習です。知らなかった単語もスクリプトで綴りと意味を確認し，音読できるようにしておけば，次に出てきた時にはきっと聴き取れるようになっていますよ。

リーディングの練習は，最初はスクリプトを見ながら，リズムグループごとに区切って → 一文ずつ → ひとまとまりごとにと，リピートする分量を段階的に増やしていきます。音源のスピードに合わせて口が動くようになるまで，自分のペースで少しずつ練習を繰り返していけばいいのです。スムーズに繰り返せるようになったら，今度はスクリプトを見ずにやってみましょう。一文ずつ音源を止めてリピート，それができるようになったら音源の音に自分の声をかぶせるようにしてリピートします。シャドーイングの練習です。さらに余裕のある人は，暗記にチャレンジ！ これは自分で使える，使いたいと思う表現は，口からスラスラ出るように覚えておくと便利です。

EXERCICE 1 音声を聴き，その状況を表している絵を選びなさい。

ポイント 能動態と受動態

068 Partie 1 能動態 voix active

A) chez soi

1___, ___, ___, ___, ___, ___, ___

B) la banque

___, ___

C) la rue et le voisinage

___, ___, ___

D) l'agence de voyages

___

E) la santé

___

F) les informations et la politique

___, ___

069 Partie 2 受動態 voix passive

A) chez soi

1___, ___, ___, ___, ___, ___, ___

B) la banque

___, ___

C) la rue et le voisinage

___, ___, ___

D) l'agence de voyage

___

E) la santé

___

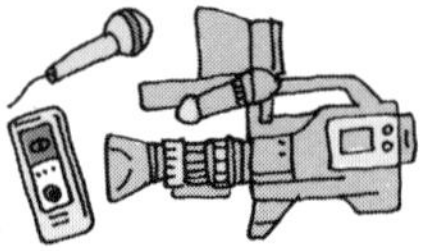

F) les informations et la politique

___, ___, ___

EXERCICE 2 文の中に出てきたヒントと出てきた動詞（不定形）をひとつずつ選びなさい。

ポイント 結果状態を表す être＋過去分詞

070 **Partie 1** ヒント **les objets**

1. le vase **2.** les clés **3.** un évier **4.** un pantalon
5. une télécommande **6.** un trousseau de clé **7.** un pantalon
8. un pull **9.** les piles

A) 1 briser casser fêler réparer
B) ___ bloquer boucher remplir vider
C) ___ accrocher déposer porter poser
D) ___ abîmer déchirer percer trouer
E) ___ casser détériorer détruire endommager
F) ___ accrocher fixer pendre suspendre
G) ___ altérer décolorer tacher tordre
H) ___ chuter dégringoler glisser tomber
I) ___ redémarrer remettre en marche changer jeter

071 **Partie 2** ヒント **les personnes**（使わないものもあります）

1. un bébé **2.** Bénédicte **3.** Bernard **4.** Emmanuel **5.** Hugo
6. Jacques **7.** Jean **8.** Luc **9.** Marie-Anne **10.** ma mère
11. Rachid **12.** Sophie **13.** la victime **14.** mes vieux

A) ___ casser éclater fendre fracturer
B) ___ fêler fendre craqueler fissurer
C) ___ regagner rentrer retourner revenir
D) ___ apparaître sortir voir le jour naître
E) ___ claquer éreinter épuiser fatiguer
F) ___ arrêter éteindre fermer stopper
G) ___ chauffer cuire recuire rôtir
H) ___ se faner jeter renverser se défaire
I) ___ décéder disparaître mourir succomber
J) ___ allumer déclencher mettre ouvrir

072 EXERCICE 3 A)～M) を聴き，内容に合うものを選びなさい。

ポイント 進行・完了を表す être＋過去分詞

A) Qui est le plus jeune des deux ?
C'est ☐ le garçon. ☐ la fille.

B) Pourquoi pleure-t-il ?
☐ Il a faim. ☐ Il veut qu'on le change. ☐ On ne sait pas vraiment pourquoi.

C) L'avion ☐ va atterrir. ☐ va décoller. ☐ va quitter le tarmac.
☐ va se poser.
Et, sur la piste voisine, un autre est en train ☐ d'attendre lui aussi.
☐ d'atterrir.

D) Juju a ☐ bien ☐ mal rangé sa chambre.
Il a poussé ses affaires dans ☐ son placard. ☐ sa commode.
☐ sa penderie.

E) Quelle est sa bonne résolution ?
C'est ☐ d'arrêter de boire. ☐ d'arrêter de manger.
☐ de perdre du poids.

F) Il pensait ☐ rentrer chez lui. ☐ partir. ☐ parler à sa voisine.

G) Sa belle-mère est ☐ exigente. ☐ impatiente. ☐ patiente.

H) La chienne ☐ a bien mangé. ☐ est repue. ☐ a encore faim.

I) L'organe irrité est ☐ son appareil urinaire. ☐ ses yeux. ☐ son nez.

J) Elle ne prend plus ☐ d'alcool. ☐ d'antidépresseur. ☐ de calmant.
☐ de tabac.

K) Il souhaite que la neige ☐ cesse. ☐ fonde. ☐ tombe.

L) Qu'est-ce qu'elle est en train de faire ?
☐ Elle est à la plage. ☐ Elle lit un livre. ☐ Elle répare le toit.

M) Pourquoi ne peuvent-ils pas rentrer immédiatement ?
☐ Ce n'est pas l'heure. ☐ Il pleut. ☐ Le chemin est impraticable.

073 EXERCICE 4 音声を聴き，質問に答えなさい。

ポイント アスペクト

A) De quoi s'agit-il dans ce récit ?

① Une attaque à main armée. ② Un attentat. ③ Un cambriolage.
④ Un meurtre. ⑤ Un viol. ⑥ Un vol .

B) Quelle heure était-il ?

① ② ③ ④ ⑤

C) Cela s'est passé chez...

① un bijoutier. ② un ébéniste. ③ un joaillier.
④ un orfèvre. ⑤ un sculpteur. ⑥ un vannier.

D) Que signifie qu'elle était « *bondée* » ?

Elle était encore ____________________.

E) Relevez cinq mots utilisés pour désigner les hommes armés :

les m_ _ _ _ _ _s, un m_ _ _ _ _ _ _ _r, leur c_ _f,
deux i_ _ _ _ _ _ _s, les b_ _ _ _ _s

F) Que signifie « *Michel n'a pas fait le poids* » ?

① Michel ne sait pas se battre.
② Michel est trop léger et doit grossir.
③ Michel n'a pas eu les qualités requises dans cette situation.

G) Complétez :

1) Une adolescente __________ __________ à pleurer.
2) Les quelques personnes qui n'__________ pas __________ de payer.
3) Elle __________ __________ visiblement.
4) Ils __________ __________ les parures de pierres précieuses et des perles qui y ____________________.
5) Quand ils __________ __________ __________ leur besogne, les bandits __________ __________ aussitôt.
6) Il n'y _____ _____ aucun blessé heureusement.

EXERCICE 5 1～14の音声を聴き，A）～E）のうち該当するところに書き入れなさい。

ポイント アスペクト

074 **Partie 1**

Cette phrase est probablement dite :

A） à l'école : ___, ___, ___

B） à une personne qui est prête à partir : ___, ___, ___

C） en famille : ___, ___, ___, ___, ___, ___

D） par un policier à quelqu'un : ___

E） par une chanteuse à ses fans : ___

075 **Partie 2**

Cette phrase est probablement dite :

A） à l'école : ___, ___

B） à un(e) ami(e) : ___, ___, ___

C） en famille : ___, ___, ___, ___, ___, ___

D） par un médecin : ___

E） au travail : ___, ___

中級

076

EXERCICE 6

ポイント アスペクト

音声を聴き，Vrai, Faux, On ne sait pasを選びなさい。

	Vrai	Faux	On ne sait pas
A） Les enfants vont prendre le bus pour aller à la piscine.	☐	☐	☐
B） Antoine est prêt à partir.	☐	☐	☐
C） Il a bien mis les boutons de sa chemise.	☐	☐	☐
D） Son pantalon est tâché.	☐	☐	☐
E） Adèle n’a pas eu d’accident.	☐	☐	☐
F） Elle a abîmé ses deux chaussures.	☐	☐	☐
G） Ils ont raté leur bus.	☐	☐	☐
H） Il veut en reparler quand il aura l’esprit plus clair.	☐	☐	☐

音声を聴き，正しい意味を選びなさい。

I） Attacher Pierre avec Paul.
① allier deux personnes
② salir son vêtement
③ se tromper d’un cran en boutonnant un vêtement

J） Se mettre la rate au court-bouillon.
① faire une bonne soupe
② se faire du souci inutilement, sans raison
③ rater sa cuisine

K） En voir de toutes les couleurs.
① avoir mal aux yeux
② avoir des hallucinations
③ subir des épreuves, des désagréments de toutes sortes

L） Garder son sang-froid.
① être frileux
② être toujours calme et maître de soi
③ rester au frais

第 7 章　接続法と条件法

文法の復習

接続法現在と直説法現在

接続法現在の語幹は，原則として**直説法現在の3人称複数の語幹と同じ**です（ただし例外も多くあります）。語尾は，-er動詞の直説法現在の語尾（e, es, e, ent）と，直説法半過去の語尾（ions, iez）からなります。
第1群規則動詞chanterを例に，接続法現在と直説法現在を比べてみましょう。主語がnous, vousのときだけ動詞の活用が異なります。

■接続法現在

je	chante
tu	chantes
il	chante
nous	**chantions**
vous	**chantiez**
ils	chantent

■直説法現在

je	chante
tu	chantes
il	chante
nous	**chantons**
vous	**chantez**
ils	chantent

第2群規則動詞finirではどうでしょうか。

■接続法現在

je	finisse
tu	finisse
il	finisse
nous	finissions
vous	finissiez
ils	finissent

■直説法現在

je	finis
tu	finis
il	finit
nous	finissons
vous	finissez
ils	finissent

■直説法半過去

nous	finissions
vous	finissiez
ils	finissaient

077

聴き取りのポイント

finir の接続法現在では，すべての人称で動詞に [-is-] が聞こえます。そして３人称複数は直説法現在と同じです。また nous finissions, vous finissiez は直説法半過去と同じですね。

・que の前の動詞や語句に注意する

接続法は一般に従属節で用いられます。動詞の活用が直説法と同じ形であっても，que に導かれた従属節においては接続法かもしれないと予測することができます。

次のような場合は従属節の動詞が接続法になります。

①主節が意志や感情を表すとき

vouloir que, souhaiter que, être heureux que など

Le professeur voudrait qu'on **ait fini** la dissertation avant samedi. Ex.1

Je suis si heureux que tu aies réussi ton diplôme ! Ex.1

②必要や可能を表す非人称表現

il faut que, il est possible que など

Il faudrait que la police **arrive** au plus vite. Ex.1

Il faut que tu m'**aides** à faire les comptes. Ex.4

③目的や譲歩を表す接続詞（句）の後

pour que, bien que, avant que など

Parlez bien dans le micro pour qu'on **puisse** tous vous entendre. Ex.2

Il reste mon ami bien qu'il **soit** grossier et mal élevé. Ex.2

On aurait dû leur proposer de rester plus longtemps avant qu'ils ne **retournent** si loin chez eux à Genève. Ex.4

接続法で特別な語幹をとる動詞

être, avoirは語幹も語尾も特別な形です。

■ être

je	**sois**
tu	**sois**
il	**soit**
nous	**soyons**
vous	**soyez**
ils	**soient**

■ avoir

	j'aie
tu	**aies**
il	**ait**
nous	**ayons**
vous	**ayez**
ils	**aient**

faire, savoir, pouvoirも特別な語幹（全人称に共通）をとります。

■ faire

je	**fass**e
tu	**fass**es
il	**fass**e
nous	**fass**ions
vous	**fass**iez
ils	**fass**ent

■ savoir

je	**sach**e
tu	**sach**es
il	**sach**e
nous	**sach**ions
vous	**sach**iez
ils	**sach**ent

■ pouvoir

je	**puiss**e
tu	**puiss**es
il	**puiss**e
nous	**puiss**ions
vous	**puiss**iez
ils	**puiss**ent

複数1・2人称で語幹が変わるもの，単数人称と複数3人称で特別な語幹をとるものもあります。

■ prendre

je	prenne
tu	prennes
il	prenne
nous	**pren**ions
vous	**pren**iez
ils	prennent

■ aller

je	**aill**e
tu	**aill**es
il	**aill**e
nous	allions
vous	alliez
ils	**aill**ent

接続法を導く副詞節

Exercice 2 に出てくる次のような表現に続く副詞節では，接続法が用いられます。

• 目的

afin que …するために
de crainte que …するといけないので
de peur que …するといけないから
pour que …するために

• 条件・仮定

à condition que …という条件で
à moins que …でなければ
à supposer que …と仮定して
en admettant que …と仮定すれば
pourvu que …でありさえすれば
pour peu que 少しでも…すれば
si tant est que 仮に…ならば

• 譲歩

bien que …にもかかわらず
encore que …にもかかわらず
malgré que …にもかかわらず（口語）
quoi que …が…だろうと

• 否定

sans que …することなしに

• 時況

avant que …する前に
jusqu'à ce que …するまで

078 EXERCICE 1 音声を聴き，聴こえたものを選びなさい。

ポイント 接続法

A) C'est agaçant qu'elle **panique / parte / parade** sans moi.

B) Il se peut qu'elle **mange / mente / monte**.

C) Je vais préparer le repas en attendant que tu **interviennes / préviennes / reviennes**.

D) Le professeur voudrait qu'on **est / ait / aie** fini la dissertation avant samedi.

E) C'est bien que tu lui **décrives / dérives / écrives**.

F) J'aimerais trouver une secrétaire sur qui je **peux / pusse / puisse** compter.

G) Ma mère aimerait que tu **ailles / essaies de / repasses** la voir.

H) Je suis désolé qu'elle ne **te croie / soit / te voie** pas là.

I) Je t'enverrai le colis demain de sorte que tu **le reçoives / le revoies / le renvoies** samedi matin.

J) Papa voudrait qu'on l'**aide / assiste / épaule** à trouver un cadeau pour maman.

K) Bien qu'il **plaise / pleure / pleuve**, le chat n'est pas revenu à la maison.

L) Il faudrait que la police **arrive / surgisse / vienne** au plus vite.

M) Faisons en sorte que ce produit **soie / sois / soit** terminé d'ici demain soir !

N) Le proviseur a demandé que les élèves **assurent / fassent / gardent** silence.

O) Avant que nous **n'allions / ne partions / ne rentrions** en vacances, il faudrait faire une réservation d'hôtel tout de même.

P) Je suis si heureuse que tu **aies / es / est** réussi ton diplôme.

Q) Il est vraiment dommage que vous vous **ayez / soyez / assoyez** séparés ainsi.

R) Il est nécessaire que vous vous **reposiez / repositionniez**, que vous **rassembliez / repreniez** des forces et que vous **dominiez /dormiez** plus longtemps.

S) Ça m'est égal qu'elles **interviennent / reviennent / deviennent** sur ce dossier. Qu'elles le **fassent / forcent / renforcent** après tout !

T) Ce professeur est sévère. Il exige que ses élèves **aient / obtiennent / reçoives** tous une mention au bac.

079

EXERCICE 2 音声を聴き，成句と動詞を選び，文を完成させなさい。

ポイント 接続法を導く副詞節

Locutions 成句

ⓐ à condition que
ⓑ à moins que
ⓒ à supposer que
ⓓ afin que
ⓔ avant que
ⓕ bien que
ⓖ de crainte que
ⓗ de peur que
ⓘ en admettant que
ⓙ encore que
ⓚ jusqu'à ce que
ⓛ malgré que
ⓜ pour peu que
ⓝ pour que
ⓞ pourvu que
ⓟ quoi que (x2)
ⓠ sans que (x2)
ⓡ si tant est que

Verbes 動詞

① ait convenu
② arrive
③ arrives
④ arriviez
⑤ dises
⑥ écoutent
⑦ fasse
⑧ nuise
⑨ obéissent
⑩ penses
⑪ puisse (x2)
⑫ revienne
⑬ s'inquiète
⑭ sache (x3)
⑮ se fâche
⑯ soit (x2)

A) Je resterai ici ____ ____ ____'elle ____

B) ____ ____'il ne lui ____ pas malheur !

C) Je préfère la contacter ____ ____'elle ne s'____

D) ____ ____ ____'il ____ mauvais, je ne resterai pas ici.

E) ____ ____'il ne ____ rien sur Jeanne d'Arc, je lui dirais de lire ce livre.

F) Il reste mon ami ____ ____'il ____ grossier et mal élevé.

G) ____ ____ tu ____, ____ ____ tu ____, je m'en moque.

H) Ne lui dites surtout rien, ____ ____ ____'il ne ____ ____.

I) Parlez bien dans le micro ____ ____'on ____ tous vous entendre.

J) Je t'attendrai ____ ____ ____ tu n'____ pas trop en retard.

K) ____ ____'il ____ faire vraiment autrement, il se tue au travail pour nourrir sa famille.

L) Ils comprendront bien la leçon, ____ ____ ____'ils ____ la maîtresse.

M) ____ ____ ____ vous n'y ____ pas du premier coup, recommencerez-vous ?

N) Monsieur le Président, ____ ____ ____ ____ cela ____ vrai, avez-vous caché de l'argent en Suisse ?

O) Mes parents m'interdisent de sortir, ____ ____ ____ cela ne ____ à mes études.

P) Le prévenu restera finalement en prison, ____ ____ le juge ____ ____ d'une relaxe.

Q) ____ ____ ses Ministres lui ____, le Président se montre intransigeant.

R) Je suis sûr qu'il n'a rien avoué ____ ____'il ____ beaucoup de choses.

S) Le Gouvernement s'apprête à lancer des réformes ____ ____'il ____ réellement où il va.

080 EXERCICE 3 音声を聴き，質問にOuiかNonで答えなさい。もう一回音声を聴いて理由を示す一文を書きなさい。

ポイント 接続法

A） A-t-elle l'intention de faire ce travail ? ☐ Oui ☐ Non
Pourquoi ? ____________________

B） Souhaite-t-il savoir la vérité ? ☐ Oui ☐ Non
Pourquoi ? ____________________

C） Sont-ils autorisés à sortir ? ☐ Oui ☐ Non
Pourquoi ? ____________________

D） Va-t-il finalement les rencontrer ? ☐ Oui ☐ Non
Pourquoi ? ____________________

E） Pense-t-elle que ce soit prouvable ? ☐ Oui ☐ Non
Pourquoi ? ____________________

F） Ambre a-t-elle des bonnes notes ? ☐ Oui ☐ Non
Pourquoi ? ____________________

G） Le monarque va-t-il continuer la guerre ? ☐ Oui ☐ Non
Pourquoi ? ____________________

H） Se réjouit-elle de l'invitation ? ☐ Oui ☐ Non
Pourquoi ? ____________________

I） Veut-on l'empêcher de parler ? ☐ Oui ☐ Non
Pourquoi ? ____________________

J） Marie veut-elle rester chez elle ? ☐ Oui ☐ Non
Pourquoi ? ____________________

EXERCICE 4 音声を聴き，質問に答えなさい。

ポイント 接続法

081
Dialogue 1

A） Que fait-elle ? ① L'accompte. ② Les comptes. ③ Les contes.

B） Quel est son problème ?

① Elle a tout raconté.

② Elle n'a plus assez de colle.

③ Les chiffres ne coïncident pas.

C） Qui doit-elle payer et quand ?

Il faut qu'elle paye en ligne ____ __________ avant ____ ________ ________

082
Dialogue 2

A） Que vont-ils commencer ?

① Une réunion. ② Une interview. ③ Le ménage.

B） Combien y a-t-il de de candidates ?

□ 2 □ 3 □ 4 □ 5 □ 6 □ 7

C） Combien sont-ils dans la salle avant l'entrée des candidats ?

□ 2 □ 3 □ 4 □ 5 □ 6 □ 7

D） Combien sont-ils finalement à auditionner ?

□ 2 □ 3 □ 4 □ 5 □ 6 □ 7

083
Dialogue 3

A） De quoi parlent-ils ?

Leurs cousins sont ① arrivés ② partis ③ revenus
④ rentrés ⑤ repartis.

B） Où habitent leurs cousins ?

① En Belgique. ② En France. ③ En Suisse.

C） Pourquoi les ont-ils quittés ?

Leurs parents ____

D） Que signifie « *être une tête de linotte* » ?

① Être une personne étourdie ou distraite.

② Être une personne aux propos incohérents.

E） Que vont-ils faire des poupées ?

____

EXERCICE 5 音声を聴き，下線部にあてはまる動詞を書きなさい。

ポイント 条件法

084 Dialogue 1

A）Je me ______ bien à Lyon ce week-end. On ______ le TGV. On ______ l'aller-retour dans la journée. Il ne nous ______ que 4 heures de trajet en tout. Ainsi, on ______ suffisamment de temps dans la ville. On ______ Saint-Jean. Cela te ______-il ou ______-tu faire autre chose ?

085 Dialogue 2

A）Que ______-vous si vous étiez très riche ?

B）Si j'étais milliardaire, je m'______ tout ce que je veux sans compter. Je me ______ avec une très belle femme et nous ______ très heureux. Nous ______ partout à bord de notre jet privé. Nous ______ ainsi découvrir de nombreux pays et nous ______ ainsi des cultures différentes. Je ______ bien en profiter, c'est sûr, mais j'______ aussi faire don d'une partie de ma fortune à une ONG. Bon, avant tout, je ______ peut-être jouer au moins une fois au loto pour concrétiser tout ça.

086 Dialogue 3

A）Je lui ______ par mail une lettre d'amour et lui ______ si elle m'aime ou non. Elle la ______ et m'______ peut-être une réponse. Que me ______-elle donc ? Que me ______-elle ? Ah, je n'ose l'imaginer. J'en ______ si c'était non.

B）Moi, si j'étais toi, je n'______ pas sa réponse. Je ______ jusqu'à elle. J'______ devant chez elle. Je ______ ma guitare et lui ______ quelque chose au pied de son immeuble. Alors, elle m'______, me ______ depuis sa fenêtre. Elle ______, et ______ me donner un baiser. Nous ______ alors le couple le plus heureux de la Terre.

C）Tu ______ surtout un bon seau d'eau sur la tête. Les voisins n'______ vraiment pas, je pense. Sûr qu'ils ______ autre chose que ta sérénade.

中級

EXERCICE 6 音声を聴き，質問に答えなさい。

ポイント 接続法

Dialogue 1
087

A） Entre quelles spécialités hésite-t-il ?

① L'économie. ② La pharmacie. ③ Les mathématiques.

B） Laquelle choisit-il finalement ? ______________

C） Complétez :

Si tu étais à ma place, qu'est-ce que tu ______________ ?

Même si j'avais fait ça au lycée, je ne ______________ pas capable de te conseiller.

Tu ______________ quand même m'aider, non ?

Dialogue 2
088

A） Quelle nationalité aurait-il aimé avoir ? La nationalité ______________.

B） Où habiterait-il ? Et quel serait son métier ?

Il vivrait à ______________ et serait ______________.

C） Que ferait-il ? Complétez :

Je ______________ anglais couramment, c'est certain ! Je ______________ du thé plutôt que du café. Je ______________ tous les jours du bacon avec des œufs. Je ______________ la reine tous les matins en passant devant le palais de Buckingham !

D） Aurait-il alors des regrets ?

① Oui, un seul. ② Oui, il en aurait deux. ③ Non. ④ On ne sait pas.

Justifiez en complétant : On ne se ______________ sans doute pas.

Dialogue 3
089

A） Qu'est-il arrivé au fils des voisins ? Il ______________ ______________ de cheval.

B） Où s'est-il blessé ? À la ______________ et au ______________.

C） Qu'est-il arrivé à l'animal ?

Il ______________ et ______________. Il ______________ dans un petit bosquet. Cela ______________ sa chute. Il ______________ un fossé et ______________ la barrière. Le cheval n'______________ rien.

D） Quand quittera-t-il l'hôpital ?

Son père lui a dit qu'il ______________ normalement ______________.

第 8 章　さまざまな叙法

文法の復習

叙法とは

話し手が伝達内容をどのようにとらえるかによって動詞の語形は異なってきます。この話し手の心的態度を示す動詞の語形変化を**叙法**（mode）といいます。叙法には，**直説法**，**命令法**，**条件法**，**接続法**があります。

■直説法：話し手が自分の判断をそのまま述べます。

Je pense qu'il viendra.

■命令法：話し手が命令や勧誘の形で相手に働きかけようとします。

Prenez garde au chien !　Ex. 1

Veuillez patienter, s'il vous plaît.　Ex. 1

■条件法：仮定条件のもとで実現するかもしれない行為，あるいは可能性や推測など話し手の想像を述べます。

Je voudrais avoir un renseignement.　Ex. 5

■接続法：話し手が頭の中で考えた動作や状態を主観的に表します。直説法に対立する叙法です。

Je ne pense pas qu'il vienne.

090

聴き取りのポイント

直説法半過去と条件法現在

条件法現在の活用語尾（-rais, -rais, -rait, -rions, -riez, -raient）は，直説法半過去の活用語尾（-ais, -ais, -ait, -ions, -iez, -aient）と似ていますが，条件法現在では r [r] の音が聴こえます。

直説法半過去

je	chant**ais**
tu	chant**ais**
il	chant**ait**
nous	chant**ions**
vous	chant**iez**
ils	chant**aient**

条件法現在

je	chante**rais**
tu	chante**rais**
il	chante**rait**
nous	chante**rions**
vous	chante**riez**
ils	chante**raient**

直説法半過去と条件法現在が同時に出てきたら**条件文**です。現在の事実に反する仮定にもとづいた推測を表し，**条件節〈si＋直説法半過去〉と帰結節**で成り立ちます。

S'il **faisait** beau, je **sortirais**.　もし天気がよかったら出かけるのに。

〈si ＋直説法半過去〉が聞こえてきたら，次の動詞は条件法現在ではないかと予測することができますね。

直説法と接続法

直説法と接続法の違いについて，次の3つの文を見てみましょう。

直説法　① Je pense qu'il est heureux.　彼は幸せだと思う。
接続法　② Je veux qu'il soit heureux.　彼が幸せであってほしい。
　　　　③ Je ne pense pas qu'il soit heureux.　彼が幸せだとは思わない。

①は「彼は幸せだ」という話し手の判断を含みます。それに対して，②ではque以下の従属節は主節の願望の内容を表し，「彼は幸せだ」という話し手の判断を含みません。同じく③も，croire, imaginer, penserなどの意見や認知を表す動詞が否定の時，従属節の動詞は接続法を用います。従属節の「彼は幸せだ」という内容は話し手の主観によって疑惑の意味合いを帯びるということであり，それが客観的に事実であったとしても，主語の主観において疑わしいことを表します。意見や意思を表すその他の動詞を見ておきましょう。

・**espérer que ＋直説法**
J'**espère que** tu comprends.　きみがわかってくれると期待している。
・**ne pas espérer que ＋接続法**
Je **n'espère pas que** tu comprennes.　きみがわかってくれるとは思っていない。
・**imaginer que ＋直説法**
J'**imagine que** tu m'attends.　きみは待ってくれると思う。
・**ne pas imaginer que ＋接続法**
Je **n'imagine pas qu'**il puisse réussir.　彼が成功できるとは思えない。

- **préférer que ＋接続法**

  Je **préfère que** tu m’attendes.　　むしろ待っていてほしい。

- **vouloir que ＋接続法**

  Je **voudrais que** tu comprennes.　　きみにわかってもらいたい。

vouloir の主語と従属節の主語は必ず異なるので注意しましょう。

接続法を導く動詞や非人称表現

091

主節の動詞や表現が次のような場合にも従属節中に接続法を用います。Exercice 2 を例に見てみましょう。

- **疑惑・否認などを表すとき**

  Je doute que nous allions à Paris cet été.

  Moi, je ne suis pas sûr qu’il le soit.

  Moi, je ne suis pas certain que ce soit lui.

- **croire, penser などの否定形・疑問形**

  Je ne pense pas qu’il faille faire comme ceci.

  Pensez-vous qu’il soit parti ?

  Croyez-vous que les cours aient lieu malgré le typhon ?

- **非人称構文**

  主節が可能性や疑念などを表す非人称表現の場合

  Il se peut qu’elle guérisse rapidement.

  Il est peu probable qu’il l’ait sue et qu’il la sache même un jour.

  Il se pourrait qu’il ait réussi son test de jeudi et qu’il réussisse aussi celui de lundi prochain.

  Moi, il ne me semble pas qu’il ait maigri.

さらにもう一歩！

練習のすすめ方（4）

ディクテ（書きとり）の練習

リスニングの練習が終わったら，音声とスクリプトをさらに活用しましょう。音声を聴きながら，フランス語を書き起こす練習です。内容を理解し，音読の練習（あるいは暗記）をした後ならば，かなりやりやすくなっているはずです。動詞の活用は正しく書けていますか？ 複数形の s を書き忘れていませんか？ 形容詞や過去分詞の性数一致はできていますか？ 音声を聴きながら，文字を書きながら，声に出して読みながらと，できるだけ耳，口，手を動かしながら，正しく書き起こせるように繰り返し練習しましょう。

聴き取りのポイント

リスニングのストラテジー ー発話の意図や話し手の感情を汲み取るー

リスニングは，話し手の意向を理解し，またその意向を積極的に推測する活動です。発話内容を理解し，話し手の意図や感情を汲みとる「聴解」のためには何が必要でしょうか？ どこが要点かを理解する練習が必要になります。注意する点としては，発話の場面を把握すること，誰が誰に対して話しているのかとその人間関係の把握（フランス語の場合は，tu と vous の使い分けが助けになります），話の展開を予想しながら聴くこと，会話なのか説明なのかといった発話内容，またその内容によって，聞き手を説得する・批判するといった意図があるのか，あるいは単に情報を提供するための発話なのかといった，その構成や展開を考えること，などが挙げられます。固有名詞や数詞などはキーワードであることが多いので，これらをしっかりと聴き取ることも重要です。また，疑問文や驚き，喜びといった感情は，イントネーションのパターンに注意しましょう。イントネーションは普遍性が高いので，日本語の発想から理解できることが多いはずです。

092–100 EXERCICE 1 音声を聴き，絵に合う対話を選びなさい。

ポイント 命令表現

A) ____

B) ____

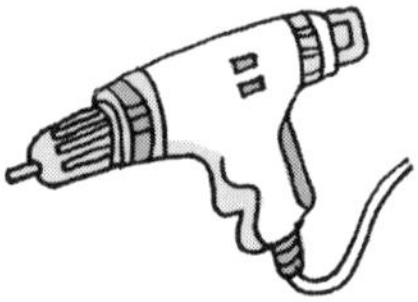

C) ____

D) ____

E) ____

F) ____

G) ____

H) ____

I) ____

101 EXERCICE 2 音声を聴き，聴こえたものを選びなさい。

ポイント 確実性と不確実性を表す表現，直説法と接続法

A) Je ne sais pas si / Je ne crois pas que / Je ne pense pas que

B) Il est impensable que / Il est impossible que / Il est indiscutable que

C) Il est possible que / Il se peut que / Il est probable que

D) Pensez-vous que / Croyez-vous que / Souhaiteriez-vous que

E) Tu penses que ... ? / Es-tu certain que ... ? / Tu es sûr que ... ?

F) Je me demande si / Je doute que / Je ne sais pas si

G) Il est certain que / Il est plus que probable que / Il est évident que

H) Il y a des chances que / Il est possible que / Il est plus que probable que

I) Je ne suis pas certain que / Je ne crois pas que / Je ne pense pas que

J) Je ne suis pas certain que / Je ne crois pas que / Je ne pense pas que

K) J'ai l'impression que / Il me semble que / Il ne me semble pas que

L) Pas sûr que / Probable que / Peut-être que

M) Imaginez-vous que... ? / Êtes-vous certain que... ? / Pensez-vous que... ?

N) Il y a des chances que / Il se pourrait que / Il aurait des chances que

O) Il est évident / Il est incontestable que / Il est assez probable que

P) Admettons que / Imaginons que / Supposons que

EXERCICE 3 音声を聴き，質問に答えなさい。

ポイント 接続法

102 Dialogue 1

A） Pourquoi M. Gérard parle-t-il d'erreurs « glissées » dans le texte ?
Parce qu'il a trouvé ______________________________

B） Notez les qualités requises pour ce poste :
① r______e, d______e et o______e, d___e d'un bon sens relationnel
② connaître le m_ _ _ _é des p_ _ _ _ _ _s culturels locaux
③ avoir un certain t_ _ _ _t de d_ _ _ _ _ _ _e économique

C） Les langues à maîtriser sont l'________, le ________ et l'________.

D） Pensent-ils trouver rapidement quelqu'un ?
Justifiez : ______________________________

E） Que signifie « *un chasseur de têtes* » ?
① Une employée de l'hôtellerie ou de la restauration.
② Une personne qui pratique la chasse.
③ Un recruteur.

103 Dialogue 2

A） Complétez :
1） C'est la meilleure personne dont je ________ te parler.
2） Elle est la plus belle fille que j'____ jamais ____.
3） C'est l'être le plus merveilleux que Dieu ____ ______ sur Terre.
4） Crois-tu que je ______ penser à trouver l'âme sœur.
5） C'est la seule qui m'____ ________ pleinement.
6） Il n'y a rien qui ________ la remplacer.
7） Pourrais-tu m'indiquer au moins un moyen qui me ______ oublier ma Marie ?
8） J'aimerais avoir une confidente qui me ________ et qui m'________.
9） Pourrais-tu me présenter une fille qui ________ à mes critères.
10） Je n'ai trouvé personne qui me ________ vraiment.
11） Y a-t-il un endroit qui te ________ plaisir ?

B） Quel mode grammatical utilisent les verbes que vous venez d'écrire ci-dessus ? ① Indicatif. ② Subjonctif. ③ Conditionnel.

104 EXERCICE 4 音声を聴き，質問に答えなさい。

ポイント 接続法

A） Relevez **une phrase** pour les sentiments suivants ?

1） certitude　　Il y a 5 possibilités

2） incertitude /inquiétude/doute　　Il y a 4 possibilités

3） possibilité

4） impossibilité　　Il y a 3 possibilités

5） souhait　　Il y a 2 possibilités

6） conseil　　Il y a 3 possibilités

7） obligation　　Il y a 2 possibilités

B） Que vont-ils faire ensemble ? Quand ? Pourquoi ?

C） 1） Que signifie ici « *c'est râpé !* » ?

① Ça a échoué. C'est raté.
② C'est déchiré et abîmé.
③ C'est perdu d'avance.
④ C'est réduit en petits morceaux.

2） Et « *C'est pas le Pérou* » ?

① Ça rapporte peu d'argent.
② Notre pays est ailleurs.
③ Ce n'est pas grand chose.

EXERCICE 5 音声を聴き，空欄に入る動詞を書きなさい。

ポイント 条件法

105

Dialogue 1

Je 1)____ avoir un renseignement. 2)____-vous me dire où est la gare Montparnasse, s'il vous plaît ? J' 3)____ prendre le TGV de 16h01. Non ? 4)____-vous quelqu'un qui 5)____ m'aider ?

106

Dialogue 2

Vous 1)____ améliorer votre français. Il 2)____ que vous étudiez une heure par jour. Vous 3)____ ainsi plus de facilités et 4)____ ainsi un peu plus confiant en vous-même. Vous 5)____ ainsi mieux répondre... Vous 6)____ mieux de m'écouter si vous voulez réussir votre oral !

107

Texte

Monsieur le chef de service,

Cher Jacques,

Je me permets de vous écrire car j' 1)____ vous faire part de mon fort mécontentement.

Je vous le redis au cas où vous ne m' 2)____ pas comprise. Jacques, vous avez beau être mon supérieur, vous n' 3)____ pas 4)____ venir à l'improviste. Si vous ne m' 5)____ pas 6)____ avec la préparation de votre fameuse réunion, j' 7)____ déjà 8)____ mon travail. Et les collègues et moi nous 9)____ 10)____ partir à l'heure probablement. Imaginez, le patron ne nous 11)____ pas 12)____ entre-temps, tout logiquement, on 13)____ 14)____ le boulot normalement. Et nous ne 15)____ pas 16)____ deux heures de plus à rattraper notre retard. Si je n' 17)____ pas 18)____ 19)____ au boulot, j' 20)____ 21)____ mon RER à l'heure et mon mari n' 22)____ pas 23)____ à accompagner les enfants à leur tennis à ma place. J'aimerais donc que vous 24)____ moins à vous et que vous 25)____ plus en considération l'équipe avec laquelle vous travaillez.

Veuillez agréer mes salutions distinguées,

Anne

108 中級

EXERCICE 6

音声を聴き，Vrai か Faux か On ne sait pas(?) を選びなさい。

ポイント 噂・疑い・確実性を表す表現

		V	F	?
A)	Mme Lagrange est concierge.	□	□	□
B)	Mme Lagrange sait tout sur ce qui s'est passé avec M. Martin.	□	□	□
C)	M. Martin a reçu la visite de la police.	□	□	□
D)	M. Martin est la victime d'un inconnu.	□	□	□
E)	Les concierges savent toujours tout sur les gens de leur immeuble.	□	□	□
F)	Mme Ducoin n'est pas sûre que M. Martin portait des menottes.	□	□	□
G)	M. Martin a passé la nuit à bricoler.	□	□	□
H)	Mme Bouc a entendu des coups de feu.	□	□	□
I)	M. Duplessis est une connaissance de M. Martin.	□	□	□
J)	Perdant l'équilibre, la tante Hortense s'est cognée dans un meuble.	□	□	□
K)	M. Duplessis est de la police.	□	□	□
L)	La famille de M. Martin connaît la victime.	□	□	□

第9章 代名動詞の受動的用法

文法の復習

代名動詞の受動的用法

代名動詞には次のような用法があります。

① 再帰的用法　Je **me lève** à 7 heures.　私は7時に起きる。
② 相互的用法　Ils **s'aiment**.　彼らは愛しあっている。
③ 受動的用法　Ce roman **se vend** bien.　この小説はよく売れる。
④ 本質的用法　Je **me souviens** de mon grand-père.　祖父のことを思い出す。

この章の練習問題で取り上げられている受動的用法について見てみましょう。
受動的用法では，主語は必ず３人称で，人ではなく事物です。また再帰代名詞« se »は直接目的語です。

Ce roman **se vend** très bien ces temps-ci.　Ex. 1
この小説は最近とてもよく売れている（売られている）。

L'allemand **se parle** aussi en Autriche.　Ex. 1
ドイツ語はオーストリアでも話されている。

Le « h » de hôtel ne **se prononce** pas.　Ex. 1
hôtelの« h »は発音されない。

次の２つの文はいずれもこの小説はよく売れることを表しますが，どのような意味の違いがあるでしょうか。

a）Actuellement, ce roman se vend bien.
b）Actuellement, on vend bien ce roman.

a）は売る行為の対象である主語« ce roman »を強調して，小説がよく売れている状態を表します。それに対してb）は話し手の意志と「売る」という行為を強調します。

se faire＋不定詞

faireは使役の助動詞として代名動詞とともに使われることがあります。
Exercice 3の次の文では，« se faire voler »（盗まれる）と受動的意味をもち，複合過去形で使われています。

Et la vieille dame **s’est fait voler** son sac à main. 老婦人はハンドバッグを盗まれた。

この場合，再帰代名詞seは不定詞である他動詞 « voler » の間接目的語で，« son sac à main » が直接目的語です。

« se faire voler son sac à main »（ハンドバッグを盗まれる）と同じように受動的意味になる表現には次のようなものがあります。

se faire renverser（par une voiture） （車に）はねられる

▶不定詞renverserは他動詞でseはその直接目的語

se faire mordre（par un chien） （犬に）噛まれる

se faire entendre 聞こえる（聞かれる）

また「〜してもらう」という意味になる表現も見てみましょう。

se faire lire un livre 本を読んでもらう

se faire couper les cheveux（par le coiffeur） （美容師に）髪を切ってもらう

▶seは体の部分の所有者を表す間接目的語

「〜される」「〜してもらう」をフランス語で表すときに，受動態だけではなくこのような代名動詞があることを知っておくといいですね。

聴き取りのポイント

語彙を増やす

聴き取りが上達するためのポイントはいくつかありますが，そのなかでも語彙を増やすのは言うまでもなく有効です。
Exercise 1 では, キーワードとなる単語を聴き取ることができれば（たとえ文章の意味がわからなくても）A から F のテーマのどれに関連する話題なのかを判断することができます。
たとえば D) Livres ではどのような単語が出てくるか，あらかじめ予想してみましょう。

livre 本
roman（長編）小説　nouvelle（中短編）小説
conte（架空の）短編物語　récit（事実か架空かを問わず）物語
fable 寓話　feuilleton 連載小説　histoire 物語，話
personnage 登場人物

その他に，本の題名や著者名の固有名詞などでしょうか。実際にはこれらの他に « le bouquin » という単語が出てきます。話し言葉で使われる「本」ですね。

語彙を増やすには，仏和辞典や単語集だけでなく，フランス語を外国語として学ぶ人を対象とした仏仏辞典を使うのもおすすめです。
フランス語学習者のためのやさしくて豊富な用例を読みながら，
語彙のバリエーションを広げることができるでしょう。

se faire ＋ 不定詞

109 Exercice 3 から **se faire** ＋不定詞の表現を見ておきましょう。

Je **me suis fait racketter** par deux gars dans le métro.
地下鉄で二人組の男にゆすられた。

Je **me suis fait engueuler** par mes parents.　両親に怒鳴られた。

Tu **t'es** bien **fait avoir**.　きみはまんまとだまされた。

« avoir » は話し言葉で「～をだます，いっぱい食わす」という意味があります。

Elle m'a bien eu.　彼女は私をまんまとだました。

次のような受動表現でも同じような意味を表すことができます。

J'ai été bien eu. / Je me suis fait bien avoir.

Ces trois jeunes **se sont fait sortir** de la discothèque.
この３人の若者はディスコから追い出されることになった。

Il **se sont fait embarquer** par la police.　彼らは警察に連行された。

Il **s'est fait verbaliser** par les flics pour un stationnement gênant.
彼は迷惑駐車で警官に調書をとられた。

Cette bijouterie **se faisait braquer** à l'heure de sa fermeture régulièrement.　この宝石店では閉店間際によく泥棒に入られていた。

Les enfants **se sont fait** complètement **tremper** par la pluie.
子どもたちは雨でずぶ濡れになった。

On **s'est fait prendre** notre place !　私たちの場所をとられてしまった！

Ce sportif **s'est fait contrôler** positif au dernier contrôle de dopage.
この選手はこの前のドーピング検査で陽性と判定された。

Il **s'est même fait retirer** sa licence.　彼はライセンスも取り消された。

Je **me suis fait mordre** par le gros chien des voisins !
お隣の大型犬に噛まれた！

110–111

EXERCICE 1

Partie 1とPartie 2それぞれで①〜⑬までの文章が読まれます。A）〜F）のテーマに合った文章を選びなさい。

ポイント 代名動詞

A）Dans la ville

Partie 1 ＿＿＿

Partie 2 ＿＿＿

B）Histoire, évènements et sport

Partie 1 ＿＿＿, ＿＿＿

Partie 2 ＿＿＿, ＿＿＿

C）Langues et orthographe

Partie 1 ＿＿＿, ＿＿＿, ＿＿＿, ＿＿＿

Partie 2 ＿＿＿, ＿＿＿, ＿＿＿, ＿＿＿

D）Livres

Partie 1 ＿＿＿, ＿＿＿, ＿＿＿

Partie 2 ＿＿＿

E）Nourriture, repas et bonnes manières

Partie 1 ＿＿＿, ＿＿＿

Partie 2 ＿＿＿, ＿＿＿, ＿＿＿

F）Transports et voyages

Partie 1 1

Partie 2 1, ＿＿＿

EXERCICE 2 音声を聴き，質問に答えなさい。

ポイント 動詞 « faire »

112 Dialogue 1

A） Où est-il allé ? Pourquoi ? Est-ce bon marché ?

B） Quand doit-il y retourner ? ______

113 Dialogue 2

C） Qu'a-t-il fait ? Pourquoi ? ______

D） Que signifie « *se faire remarquer* » ?

① Acheter pour soi une place de spectacle.

② Chanter devant sa glace.

③ S'exposer aux regards et au jugement public.

114 Dialogue 3

E） Que veut-elle refaire ? ______

F） Qui voudrait-elle appeler pour les travaux ?

115 Dialogue 4

G） Que signifie « *l'arrière-pays* » ?

C'est un endroit qui est situé ___ ___'______ d'une ville côtière.

H） Relevez les deux expressions utilisées pour indiquer que les voisins sont très aisés financièrement :

______ et ______

116 Dialogue 5

I） Que signifie « *faire sa tête de cochon* » ?

J） Et « *vider son sac* » ?

① Dire tout ce qu'on a à dire, tout ce qu'on a sur le cœur.

② Donner généreusement de l'argent à quelqu'un.

③ Ouvrir son sac et en enlever le contenu.

EXERCICE 3 音声を聴き，正しい文を選びなさい。

ポイント 受動的意味を表す代名動詞

117
A）
ⓐ Il s'est fait extorquer de l'argent par intimidation et violence.
ⓑ Il a tout perdu, même ses papiers et ses cartes de crédits.
ⓒ Ses parents lui ont crié dessus.

118
B）
ⓐ Elle est partie en marchant.
ⓑ C'était un week-end.
ⓒ Elle regardait l'incendie et a vu quelque chose s'envoler.

119
C）
ⓐ Il a acheté une machine pour 500 euros.
ⓑ C'était un achat d'occasion.
ⓒ Il s'est fait escroquer.
ⓓ Ce qu'il a acheté est une imitation sans valeur.

120
D）
ⓐ Il a plu énormément ce soir-là.
ⓑ Des clients ont trop bu et ont dégradé l'arrière du bar.
ⓒ La police les a ramenés chez eux à la demande du propriétaire.
ⓓ Ils ont bien mérité leur sort.

121
E）
ⓐ Son père conduit des véhicules professionnels et transporte des marchandises.
ⓑ Il a roulé sur un piéton.
ⓒ La police a dressé une amende à son fils.

122
F）
ⓐ L'entrée a été modifiée.
ⓑ On a ajouté une personne chargée de la surveillance.
ⓒ Malgré cela, il y a autant de braquages qu'avant.

123
G）
ⓐ Les enfants se sont trompés de chaussures.
ⓑ Ils ne sont jamais obéissants.

124
H）
ⓐ Ils se demandent où ils vont pouvoir se garer désormais.
ⓑ Ils ne pourront pas chasser aujourd'hui.

125
I）
ⓐ Le sportif a enfreint les règles.
ⓑ Il a été envoyé à Limoges.
ⓒ Il a perdu son permis de concourir.

126
J）
ⓐ Elle a été attaquée par un molosse.
ⓑ Elle a été blessée aux deux mains.
ⓒ Il s'est acharné sur elle.

127 EXERCICE 4 Ⓐ〜Ⓚの音声に合う絵はどれでしょうか。与えられた名前のアルファベットを並び替え**使役**動詞を記入しなさい。

ポイント 受動的意味を表す代名動詞

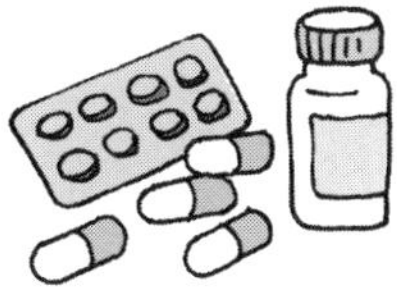

1) ____
ROSETTE IRDIP
doit être pris

2) ____
BUD TREEOIT
____

3) ____
TRISTAN SVERESEREF
____

4) ____
TERSA FRETISSAGES
____

5) ____
ANNE IRIS STTOUFP
____

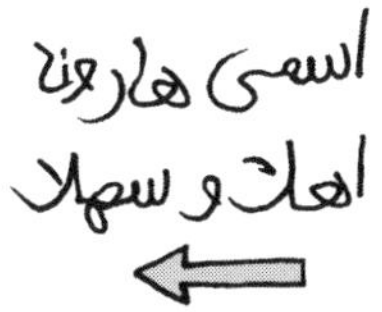

6) ____
LISETTE RETUC
____

7) ____
DESIRE ELIAS STESUS
____

8) ____
LISETTE SUIE
____

9) ____
STEFAN ERIC VITASC
____

10) ____
LUIS TRISTAN SESELES
____

11) ____
ANNETTE LISA RESSIERS
____

EXERCICE 5 音声を聴き，質問に答えなさい。

ポイント 自動詞と他動詞，代名動詞

128

Dialogue 1

Écoutez et retrouvez qui fait quoi ?

A）Annie : ____, ____, ____, ____, ____

B）Les filles : ____, ____, ____

C）Louise : ____, ____

D）Christian : ____, ____, ____, ____, ____

① aider　② manquer son bus　③ ne pas être prêt(e)　④ ne pas y arriver
⑤ préparer ses affaires　⑥ se coiffer　⑦ se couvrir　⑧ se dépêcher
⑨ se protéger　⑩ se préparer vite　⑪ se raser　⑫ sortir les poubelles
⑬ travailler à l'hôpital　⑭ réchauffer

129

Dialogue 2

Écoutez et devinez qui est l'agresseur de M. Lambert ?

① Luc Labagarre　② Jean Vaurien　③ Paul Amploix　④ Yves Levoyoux

130 中級

EXERCICE 6　音声を聴き，質問に答えなさい。

ポイント　代名動詞

A）Retrouvez dans le dialogue trois mots synonymes de « *bêtise, bévue, erreur, impair, maladresse* » :

Une grosse ________, une grosse ________, la ________.

B）Par qui a été faite cette maladresse ?

① Amanda.　② Alex.　③ Christelle.　④ Dominique.　⑤ Marie

C）De quoi Christelle a-t-elle été témoin ?

Elle a aperçu ____________ en train de ______________________ avec __________.

D）Qui est Amanda ?

① Une amie de fac de son copain.
② Une inconnue pour Dominique.
③ Une inconnue pour Marie.
④ Une personne avec qui son copain a eu une aventure amoureuse.

E）Relevez dans le dialoque :

1) deux verbes synonymes de « *quitter quelqu'un* » :

_ _ _ _ _ _ _, _ _ _ _

2) l'expression synonyme de « *aller trop loin, exagérer, franchir les limites* » : ils ______________________________

3) les mots pour désigner un garçon et une fille :

un _ _ _ , une _ _ _ _ _ / _ _ _ _ _ _ _

4) le mot synonyme de « *problème ; nœud ou principale difficulté d'une affaire* » : le __________

F）Qu'espèrent Dominique et Christelle pour Marie ?

Qu'elle ne ______________________________.

第10章 感嘆文と間投詞・擬音語

文法の復習

感嘆文

感嘆文の多くは，感嘆詞（感嘆副詞，感嘆形容詞，間投詞）を伴って表されます。

① **感嘆副詞**　que, que de, comme, combien

Que c'est chiant ! Ex. 1

Que cette fille est mignonne ! Ex. 2

Que de monde !（= combien de）

Comme tu as grandi, Charlotte ! Ex. 1

Comme elle est belle ! Ex. 2

Combien j'en ai rêvé de ce cadeau ! Ex. 3

話し言葉では，qu'est-ce que, qu'est-ce que c'est que も使われます。

Mais **qu'est-ce que** j'ai mal ! Ex. 1

Qu'est-ce que j'ai eu peur ! Ex. 1

Brrr, **qu'est-ce qu'**il fait froid ! Ex. 1

Mais **qu'est-ce que c'est que** ce bordel ? Ex. 3

② **感嘆形容詞**　quel

Quel beau soleil ! Ex. 1

Quel plaisir de vous revoir ! Ex. 1

Quelle horreur ! Ex. 2

Quelle très bonne nouvelle ! Ex. 2

③ **間投詞**

Aïe ! 痛い　　Eh ! ねえ　　Euh ! えーっと　　Hein ! えっ

Hélas ! ああ　　Holà ! ちょっと　　Oh ! おお　　Oups ! おっと

Zut ! Ex. 1 しまった　　Ouf ! Ex. 2 やれやれ　　Oh, mon Dieu ! Ex. 3 おやまあ

Ouh là ! Ex. 3 まあ　　Pouah ! Ex. 2 うえっ

感嘆文は，驚き・喜び・悲しみなどの強い感動を素直に吐露する表現なので，イントネーション，または主語と動詞の倒置だけで表されることもあります。
間投詞がない場合，感情的な強調は，その語が子音で始まっていれば第１音節にアクセントがおかれます。

On a **ga**gné ! On a **ga**gné ! Ex. 2

間投詞のある文では，間投詞が高く，後続語は下降調になります。

Quel beau soleil ! Ex. 1

感嘆文は平叙文とは音調が異なるため，聴き取りでも比較的区別しやすいですね。

聴き取りのポイント

すぐに訳そうとせず、話の流れをつかむ

聴解能力を高めるには，ディクテ（書きとり）やシャドーイングの練習がとても有効です。よく使われる単語や動詞などの語彙を多く知っていることや，会話でよく使われる時制をマスターしていることも必要です。聴こえてきたことをすぐさま日本語に訳そうとしないことを心がけて，ディアローグを何度も繰り返し聴いて練習しましょう。この「すぐに訳したい」という段階（確かに安心感はありますが）を超えて，耳を慣らしながら，考えすぎて立ち止まることなく，全体像をつかむ段階に到達できるようにしましょう。フランス語母語話者も，ある程度聞き流しながら話の流れをつかみ，応答しているはずです。最終章である第 10 章の練習は，上記のことをふまえています。

また，語学の習得には「書くこと」や「文法」が不可欠ですが，「話すこと」は「書くこと」に比べて自由度が高いのもたしかです。そのために，感嘆詞や擬音語など，会話で特に表れる表現を知っておくことも有効です。

現在分詞と動詞的形容詞

現在分詞と動詞的形容詞について，Exercice 4の問題文を中心に見てみましょう。

① 現在分詞の形態

語尾は « -ant » で，語幹は直説法現在形複数１人称の語幹と同じ。

ただし « avoir, être, savoir » は例外です。

avoir → ayant　　être → étant　　savoir → sachant

② 現在分詞の用法

主語，目的語，状況補語をとって動詞的に機能します。性数による変化はありません。

現在分詞を含む語群は形容詞的性質を持ちます。Exercice 4から，名詞を形容し，直接目的語をとる現在分詞の例を見てみましょう。

C’était durant les quelques jours **précédant** les fêtes de fin d’année.

（= C’était durant les quelques jours qui précédaient les fêtes de fin d’année.）

les gens **négligeant** leurs animaux domestiques

（= les gens qui négligent leurs animaux domestiques）

un rapport **convainquant** les experts
(= un rapport qui convainc les experts)

③ 動詞的形容詞（adjectif verbal）

現在分詞はまた，形容詞として付加形容詞や属詞として用いられることがあり，これを**動詞的形容詞**と呼びます。現在分詞は性数による変化をしませんが，動詞的形容詞は関係する**名詞の性数に一致**します。

付加形容詞の例　Je l'avais rencontré l'année **précédente**.
主語の属詞の例　Cette tenue est trop **provocante**.

意味上では，原則として次のような違いがあります。

現在分詞：時間的に限定された一時的動作を表す
動詞的形容詞：継続的な状態や性質を表す

現在分詞と動詞的形容詞とで綴りが異なる場合があります。

- 不定詞が « -quer », « -guer » で終わる動詞
  現在分詞：« -quant », « guant »
  une lecture fatiguant les yeux　目の疲れる読書
  動詞的形容詞：« -cant », « -gant »
  C'est un travail fatigant.　これは骨の折れる仕事だ。

- 動詞 « convaincre »
  現在分詞：convainquant　Un rapport **convainquant** les experts
  動詞的形容詞：convaincant　Et soyez plus **convaincant** cette fois !

また次の形容詞は，形容詞の語尾が « -ent » になります（現在分詞は « -ant »）。

converg**ent** 集中する	différ**ent** 異なる	diverg**ent** 相違した
équival**ent** 同等の	excell**ent** 卓越した	néglig**ent** 怠慢な
précéd**ent** 前の	somnol**ent** まどろむ	viol**ent** 乱暴な　など

C'est un modèle **différent** que je cherche.
Cessez de vous obstiner encore à rester **divergent**.
Vos opinions sont loin d'être **convergentes**.

131

聴き取りのポイント

現在分詞と動詞的形容詞

動詞的形容詞は、現在分詞と共通の語形 « -ant » をもち、同じ音（[ɑ̃]）で終わります。聴き取りで区別するのは難しいですが、現在分詞と動詞的形容詞は次のように区別できます。

次の場合は現在分詞です。

- 直接目的語を伴うとき　Les gens **négligeant** leurs animaux domestiques
- 否定の « ne » を伴うとき　l'oiseau ne **chantant** pas 鳴かない鳥
- 状況補語を伴うとき　des avis **convergeant** vers le mien

次の場合は動詞的形容詞です。

- 主語の属詞となるとき　Cette tenue est trop **provocante**.
- 前に副詞があるとき　Ce PDG est très **influent**.

また動詞的形容詞は、女性形 « -ante » では [ɑ̃t] と発音されます。

ジェロンディフ « en ＋現在分詞 » では必ず前に « en » があります « en » ... [ɑ̃] と聴こえてきたら、現在分詞なので綴りは « -ant » になりますね。
En ignor**ant** ainsi la situation catastrophique de notre planète, on finira tous **en** suffoqu**ant** dans des déserts.

擬音語（オノマトペ）

132 この章では間投詞がたくさん出てきますが，フランス語の間投詞や擬音語にはあまりなじみがないかもしれませんね。

ここでは擬音語を見てみましょう。

Boum ! ドーン（落下音、爆発音）　Brrr ! ぶるぶる（寒さや恐怖などによる）

Clic ! カチッ（平手打ちなどの音）［多く Clic-clac の形で用いられる］

Crac ! ぼきっ、めりっ（折れたり裂ける音）　Ding ! リーン（ベルなどの音）

Paf ! どすん、ぴしゃっ（落ちる、叩く音）

Pouf ! どすん、どかん（墜落、破裂する音）　など

動物の鳴き声はどうでしょうか。擬音語に関連する名詞や動詞とともに見てみましょう。

ouah ouah ワンワン（犬の鳴き声）　aboiement（犬などの）ほえ声、ほえること

aboyer（犬が）ほえる

miaou にゃお（猫の鳴き声）　miaulement（猫などの）鳴き声

miauler（猫が）にゃおと鳴く　ronron（猫がのどをゴロゴロ鳴らす音）

ronronnement（猫が）のどをゴロゴロ鳴らす音

ronronner（猫が）のどをゴロゴロ鳴らす

bêh, mê めえ（羊の鳴き声）　bêler（羊が）鳴く

meuh モー（牛の鳴き声）　meugler（牛が）鳴く

croa-croa カァカァ（カラスの鳴き声）　croasser（カラスが）カァカァ鳴く

coac coac ケロケロ、クワックワッ（カエルの鳴き声）

coassement（カエルの鳴き声）　coasser（カエルが）鳴く

cocorico コケコッコー（雄鶏の鳴き声）　coq 雄鶏

coucou ほらほらこっちだよ（カッコウの鳴き声から派生した間投詞）

フランスでは日本のマンガやアニメの人気が非常に高く，日本のマンガの多くがフランス語に翻訳されて書店の « Manga » コーナーに並んでいます。擬音語は翻訳する人によって綴り字は多少異なりますが，日本語の豊富な擬音語がどのようにフランス語に翻訳されているか，原作と比べてみると楽しく学ぶ機会になると思います。またフランス語の絵本にもたくさんの擬音語が出てきます。

133 EXERCICE 1

①〜⑥の文が読まれます。絵を描写しているのは①〜⑥のどれでしょう。間投詞や擬音語は下を参照してください。

ポイント 間投詞・擬音語

A) ____

B) ____

C) ____

D) ____

E) ____

F) ____

ⓐ aïe, ouille
ⓑ oups, zut
ⓒ atchoum, atcchi, brrr
ⓓ holà, ouh ouh, bouh, hé hé, ha ha, hi hi
ⓔ oh, smack
ⓕ boum boum, grrr, crac, ding, meuh, cocorico, miaou, ouah-ouah, vlan

134 EXERCICE 2 1～24の文が読まれます。A）からL）の当てはまるところに書き入れなさい。

ポイント 間投詞

A）l'admiration　感嘆，賞賛　____, ____

B）l'appel　呼びかけ　____

C）l'aversion, le dégoût　反発，嫌悪　____, ____

D）la certitude　確信　____

E）la douleur　痛み，苦痛　____

F）l'étonnement　驚き　____, ____, ____, ____, ____, ____

G）l'impatience　待ちきれない気持ち　____, ____, ____

H）l'indignation　憤慨　____, ____, ____

I）la joie, la satisfaction　喜び，満足　____, ____, ____

J）l'ordre, l'encouragement　命令，励まし　____

K）le soulagement　安堵　____, ____

L）la surprise　驚き　____, ____

EXERCICE 3 音声を聴き，質問に答えなさい。

ポイント くだけた会話

135 **Dialogue 1**

A) Notez deux expressions (il y en a 6 au total) qui expriment l'énervement de la Maman :

______

______

B) Notez trois mots ou expressions (il y en a 5 au total) qui montrent que c'est dans un grand désordre : ______, ______, ______

C) Quelle est sa résolution ?
Commencer à tout **défaire / aspirer / ranger** maintenant.

136 **Dialogue 2**

D) Ils ne se sont pas vus depuis combien de temps ?
① Six mois. ② Un an. ③ Un an et demi. ④ Deux ans.

E) Quel verbe synonyme de « *alléger, décharger, déposséder, enlever, extraire, ôter* » est employé dans le dialogue ? ______

F) Que va-t-il poser dans la chambre ?
① Des choses à faire.
② Leurs cadeaux.
③ Leurs enfants.
④ Leurs manteaux.

G) Retrouvez dans le dialogue deux antonymes du verbe « *emballer* » :
______, ______

H) Que signifie l'expression « *c'est fou comme ça pousse* » ? Conjuguez pour répondre : *C'est impressionnant que les enfants (grandir)* ______ ______ *autant*.

I) Que vont boire les adultes au début du repas ?
① Un apéritif.
② Du champagne.
③ Du cidre doux.
④ De l'eau.
⑤ Du jus de fruits.

EXERCICE 4

ポイント 現在分詞と動詞的形容詞

137 **1** A）から I）の文を聴いて，選択肢のうち正しい綴りの語を○で囲みましょう。

A）Je l'avais rencontré l'année **précédente / précédant**. C'était durant les quelques jours **précédent / précédant** les fêtes de fin d'année.

B）En **adhérant / adhérent** à notre club de lecture, vous serez avantagé. En effet, en tant qu'**adhérent / adhérant** vous bénéficierez, par exemple, de la gratuité du prêt de tous les produits en rayon.

C）C'est un modèle **différant / différent** que je cherche. Mais les habits trop **différant / différents** de ceux que je porte habituellement ne me conviennent pas du tout.

D）Les étudiants **excellant / excellent** dans leurs disciplines respectives recevront un prix spécial en fin d'année, lors de la remise des diplômes. Il est normal que les plus **excellant / excellents** d'entre eux soient ainsi récompensés. Les miens ? Ne m'en parlez pas. Ils sont **somnolents / somnolant** durant mes cours, ce qui me rend moi-même **somnolent / somnolant**. C'est contagieux, on dirait.

E）Les gens **négligeant / négligents** leurs animaux domestiques sont impardonnables. Il faudrait donner une amende à toutes les personnes **négligeant / négligentes** qui les abandonnent pendant les vacances.

F）Cette tenue est trop **provocante / provoquant**. Il faut éviter les vêtements **provocant / provoquant** trop l'œil du public dans de telles soirées officielles.

G）Ce PDG est très **influent / influant**. De plus en plus de personnes **influentes / influant** de la scène politique sont issues des plus grandes entreprises internationales.

H）Un rapport **convainquant / convaincant** les experts en la matière est évidemment souhaitable. Recommencez ! Et soyez plus **convainquant / convaincant** cette fois ! Non, non, non. Cessez de vous obstiner encore à rester **divergent / divergeant**. Je vous assure. Vos opinions sont loin d'être **convergentes / divergeant**. Lorsque vous aurez des avis **convergeant / convergents** vers le mien, revenez me voir. On en reparlera à têtes reposées.

I）Regardez cette chaleur **suffocante / suffoquant** en été ! Désormais c'est chaque année et la durée des canicules ne cesse de s'allonger. En ignorant ainsi la situation catastrophique de notre planète, on finira tous en **suffocant / suffoquant** dans des déserts.

137 **2** A）から I）の文をもう一度聴いて，正しい答えを選びましょう。

A） Ils se sont rencontrés ① en janvier ② en février
③ en novembre ④ en décembre.

B） Quel avantage a-t-on sur tous les produits lorsqu'on s'inscrit ?
① Une réduction. ② Leur emprunt gratuit.
③ Un remboursement gratuit.

C） Quel genre de vêtement souhaite-t-elle ?
① D'un style totalement différent à ce qu'elle porte habituellement.
② D'un style un peu différent mais proche de ce qu'elle porte habituellement.
③ Exactement le même style que ce qu'elle porte.
④ Peu lui importe.

D） Quelle est l'opinion de cette personne au sujet des meilleurs étudiants ?
Ceux-ci doivent ① trouver un bon travail.
② être primés.
③ sortir diplômés.

E） Quelle est sa proposition quant à l'abandon d'animaux ?
① Éduquer les maîtres.
② Trouver des familles d'adoption.
③ Verbaliser les contrevenants.

F） Il est suggéré de porter ① quelque chose de sobre et de pas trop voyant.
② une robe du soir.
③ quelque chose de glamour et sexy.

G） Certains politiciens viennent de ① Grandes écoles.
② Sciences Po.
③ multinationales.

H） Ils doivent ① recommencer.
② trouver des idées communes.
③ revenir.

I） Quel sera l'avenir de la Terre ? ① L'extinction de la vie végétale.
② L'extinction de la vie animale.
③ L'emballement de l'effet de serre.

138 EXERCICE 5 音声を聴き，質問に答えなさい。

ポイント 単純過去

A） Quelles étaient les deux nationalités de Marie Curie ?

Elle était ______________ et ______________.

B） Quels métiers faisaient ses parents ?

Son père était ______________.

Sa mère était ______________.

C） Pourquoi est-elle partie en France retrouver sa sœur ?

① Pour la revoir tout simplement.

② Pour poursuivre ses études.

③ Pour quitter le régime polonais.

D） En quelles années eut-elle le prix Nobel de physique ?

□ 1867 □ 1883 □ 1903 □ 1905 □ 1911

E） Choisissez :

1） C'est ainsi qu'elle **a donné / donna / donnait** plus tard le nom de polonium.

2） C'est tout naturellement que Marie **fut bercée / lu bercée / pu bercer** dans les sciences.

3） Elle **désirait / a désiré / désira** poursuivre à l'université.

4） Elle **alla / partit / se rendit** en France rejoindre sa sœur.

5） Elle **eut / réussit / obtint** sa licence en sciences mathématiques.

6） Marie Curie **devient / devint / dépeint** la première femme directrice d'un laboratoire universitaire.

中級

EXERCICE 6 音声を聴き，質問に答えなさい。

ポイント 単純過去

139 Monologue 1

A） Qui est Jacques pour Hugo ?

① Son frère. ② Son père. ③ Son grand-père. ④ Son oncle.

B） Quelle expression est utilisée pour indiquer « *venir à son secours* » ?

________ à la ________ de quelqu'un.

C） Quelle expression est utilisée pour indiquer « *recommencer à nouveau* » ?

________ de plus ________

D） Associez :

Nous fûmes ●	● comme nous pûmes
Nous fîmes ●	● à l'emmener
Nous réussîmes ●	● se lever
Ils n'eurent pas ●	● fort surpris de le voir ainsi
Il voulut ●	● à le soulever

140 Monologue 2

E） Quand ont-ils commencé à sortir ensemble ?

Lors de leur **première / deuxième/ troisième** année au lycée.

F） Est-ce que Marion apprécie beaucoup Louise ? Justifiez.

☐ Oui. ☐ Non. ☐ On ne sait pas. ________

G） Associez :

Nous commençâmes ●	● que c'était fini
je sus ●	● nous fréquenter
je parvins ●	● à les persuader
il fallut bien sûr ●	● à nous fréquenter
Marion crut vraiment ●	● que c'était elle
ils nous laissèrent ●	● nous cacher

H） Retrouvez un mot péjoratif qui signifie « *une femme bavarde et indiscrète, qui aime médire d'autrui* » (il y a deux possibilités) : ________

I） Que signifie « *La rumeur se répandit comme une traînée de poudre* » ?

① L'histoire met beaucoup de temps à être connue de tous.

② Tout le monde est vite prévenu et mis au courant.

③ Le secret n'est pas gardé longtemps.

④ Personne n'en sait rien.

RÉPONSES

第1章

EXERCICE 1

A)② B)④ C)③ D)⑥ E)⑤ F)①

1) un avocat. 2) leur hôte.

EXERCICE 2

A)② B)③ C)②④⑦ D)④ E)②⑥

F)① restez ② on va nommer ③ prenons ④ faisons ⑤ retournerez

EXERCICE 3

A)③ B)② C)② D)③ E)③ F)② G) le 28 février 2000 H)② I)①④

EXERCICE 4

A) jambe B) cuisse C) bras D) main / poignet E) dents

F) yeux G) cheveux H) doigts

EXERCICE 5

A) ① roi ② reine ③ valet ④ cavalier ⑤ petit (un d'atout) ⑥ Excuse
⑦ 21 (d'atout) ⑧ atouts

B) Vrai : ②③④⑥⑦⑧⑩ Faux : ①⑤⑨

EXERCICE 6

A) soif B) faim C) honte D) querelle E) tacher F) usage

第2章

EXERCICE 1

A) Ma femme : ①②⑥ Moi : ③④⑤⑦

B) Elle : ①③⑤⑥ Lui : ②④

C) ③⑤

D) ②④

EXERCICE 2

A) ③

B) 1) Son portefeuille. 2) oublié / perdu / volé

C) 1) (②) ③ 2) ②

D) 1) ② 2) Le Mont Kōya (Le Kōya-san).

E) Pierre s'est pris les pieds dans la laisse et il est tombé. Il a tout descendu sur le ventre et s'est cassé le bras. Une ambulance l'a emmené dans un hôpital.

F) Mon mari n'a pas pu se laver, et se raser avant de partir.

Moi, j'ai quitté la maison vers 10h30.

G) Il a lu un roman passionnant de l'après-midi jusqu'à deux heures du matin.

EXERCICE 3

A) enseignant/facteur/guichetier/serveur/ (vendeur) B) ①

C) 1) ② 2) ④ D) ③

E) ① Papa m'a dit que tu avais été facteur.

② Je ne connaissais pas encore Mamy.

③ En parallèle, je commençais mes études.

④ C'est comme ça que j'ai connu ta grand-mère.

⑤ Elle était assise à la terrasse.

⑥ Elle buvait son thé.

EXERCICE 4

A) ③ B) 1) Le dimanche 3 mars. 2) ③ C) ⑤

D) 1) ② 2) Un plat en porcelaine de Limoges.

E) 1) Vers le 6 ou 7 juillet. 2) mention — Bien / moyenne de 15,5

F) son ami Richard / prendre le goûter

G) Il devra venir chez moi. Il le faudra. Sûr, il viendra. Il s'assiéra dans ce fauteuil. Il boira un verre de son whisky préféré. Je lui proposerai alors de se réconcilier. Il voudra peut-être enfin m'écouter. H) ②

EXERCICE 5

Partie 1

A⑦ B① C⑩ D② E⑨ F④ G⑧ H⑥ I⑪ J③ K⑤

Partie 2

A) À Paris. Chez sa sœur. Pendant deux jours (deux nuits).

B) Musée le matin et peut-être les grands magasins l'après-midi.

C) ③ D) ③

EXERCICE 6

Texte 1

A) dramaturge, écrivain et poète. B) 1802,1885 C) déménagé

D) Son amie d'enfance. E) militaire. F) Catholique.

G) Il naquit en 1802.

Il fut véritablement un témoin.

Ils eurent cinq enfants.

lorsque la révolution de 1848 eut lieu.

Il devint alors le champion.

Il écrivit beaucoup de romans.

Texte 2

A) 10 mois. B) 100 jours. C) À Sainte-Hélène D) Le 18 juin 1815.

E) En mars 1815. F) Le 5 mai 1821.

G) Mais après qu'il eut entendu parler d'un projet.
Une fois qu'il fut retourné en France.
En effet, à peine eut-il perdu la bataille de Waterloo.

第 3 章

EXERCICE 1

A) dans le Bordelais dans le Sud-Ouest dans le Massif Central dans le Midi sur la Côte d'Azur

B) au printemps en mars au Havre en France à Porto au Portugal
à Madrid en Espagne à Stockholm en Suède à Amsterdam aux Pays-Bas
à Édimbourg ou à Glasgow en Écosse au Royaume-Uni

C) en été au Caire en Égypte au Cap en Afrique du Sud en Nouvelle-Zélande
en Amérique du Nord aux États-Unis et au Canada

D) Saint-Pétersbourg en Russie en automne

E) en hiver à Taïpei, c'est à Taïwan aux Philippines à Mayotte
en Polynésie Française

EXERCICE 2

A) de/de B) à/au C) à/du D) avant E) Pour F) de

G) de/× H) ×/par I) pour J) de K) vers L) ×/avec

M) à/en N) à O) en P) au/avec Q) avec R) ×

EXERCICE 3

Vrai : A, D, G, I, J, N, P, R, S **Faux** : B, C, E, F, H, K, L, M, O, Q, T

A) vis-à-vis B) devant C) chez D) entre ... et ... E) contre F) dans

G) derrière H) avec I) jusqu'au J) sans K) sur L) sous

M) dans, hors N) selon O) d'après P) sans Q) parmi R) sur

S) malgré T) sur

EXERCICE 4

A) Grâce à B) Vu C) En raison d' D) À la suite de

E) En raison d' F) comparé aux G) Eu égard à H) à raison de

I) à l'égard de J) À propos de K) Par égard pour L) Pour ce qui est de

M) Quant à toi N) Du point de vue de O) Du fait de

EXERCICE 5

A ② gentiment gentil
B ③ doucement doux
C ① poliment poli
D ④ prudemment prudent
E ⑤ joyeusement joyeux
F ⑦ fixement fixe
G ⑧ intensément intense
H ⑥ rapidement rapide
I ⑪ fortement fort
K ⑨ lentement lent
K ⑩ honteusement honteux
L ⑫ mortellement mortel

EXERCICE 6

A) autour, au milieu B) au-dessus C) dans D) Avant, trente E) ② ⑥ ⑩ ⑭

第4章

EXERCICE 1

A) 3 Que B) 7 Avec quoi C) 4 Par où D) 2 Où E) 6 Quelle
F) 5 Combien G) 1 Comment H) 8 À qui I) 11 Pourquoi J) 9 Que
K) 12 Dans combien de temps L) 10 Quelle heure M) 14 En quoi
N) 16 À quelle heure O) 13 Laquelle P) 15 Quelles

EXERCICE 2

A) ① B) ③ C) ③ D) ②
E) 1) ④ 2) ⑧⑨ 3) ③ 4) ⑦ 5) ① 6) ⑨⑧ 7) ⑥ 8) ⑩ 9) ⑤ 10) ②

EXERCICE 3

A) Pas mal B) deux/peu/beaucoup C) moins en moins
D) plusieurs/une ... plusieurs E) quelques/de nombreuses
F) Un certain/quelques-uns/D'autres G) quelque chose/quelqu'un
H) Un certain I) telle/tel ... tel J) une certaine K) un peu/quelque peu
L) autant M) quelconque

EXERCICE 4

Dialogue 1

A) ③ B) ④ C) ①⑥⑧⑨⑪

Dialogue 2

D) ① E) ② F) Non.
G) 1) jamais 2) sans 3) ne 4) n'est/pas/ne...pas/sans 5) N'ayez
6) n'avez aucune 7) ne...pas

EXERCICE 5

A) 1) on 2) ne 3) comment 4) je 5) ne 6) qui 7) seul 8) quand
9) comment 10) quelle 11) façon

B) 12) ni　13) avec　14) qui　15) ni　16) comment　17) ni　18) quand　19) quand
20) même　21) je　22) ne　23) quoi

C) ①ⓑ　②ⓓ　③ⓐ　④ⓒ

EXERCICE 6

A) ②　B) ③　C) ③　D) ①②③（いずれも可）　E) façon　F) ③

第5章

EXERCICE 1

A) 4　B) 1　C) 2　D) 3　E) 5　F) 7　G) 6　H) 10　I) 9　J) 8　K) 14
L) 15　M) 11　N) 13　O) 12　P) 17　Q) 18　R) 16　S) 20　T) 19

EXERCICE 2

A) ③　B) ④　C) ①⑥

D) confortable, léger, fluide, look décontracté, sympa

E) ③　F) 1) en　2) le / m'　3) me　4) vous les　5) le

EXERCICE 3

A) La voisine, je l'ai vue tout à l'heure à l'épicerie.

B) Ma sœur, elle rentrera à la fac l'an prochain.

C) Le baccalauréat, je l'ai eu il y a plus de 20 ans déjà !

D) De bonnes cuisses de grenouilles, nous en avons mangé dans ce restaurant-là !

E) Aux enfants, je leur ai fait faire leurs devoirs après l'école.

F) Les araignées, qu'elles soient petites ou grosses, ma mère en a très peur.

G) À la mairie, j'y suis allé trois fois pour rien !

H) Du vin, je n'en veux pas.

I) L'Italie, ils en reviennent justement !

J) Ce qu'il a dit, je le sais très bien !

EXERCICE 4

1

	A)	B)	C)	D)	E)	F)
代名詞	○				○	○
冠詞		○	○	○		

2

	G)	H)	I)	J)	K)	L)	M)
代名詞	○	○	○		○	○	○
冠詞				○			

3

	N)	O)	P)	Q)	R)	S)	T)	U)
物				○	○		○	○
人	○		○					
両方指す		○				○		

EXERCICE 5

A) ② B) ① C) ② D) en / Figurez / vous le / vous / gâtés

E) 1) le leur / encore 2) le leur 3) le leur 4) leur en 5) le leur /l' 6) en 7) en

F) ②③④

G) ①ⓒ ②ⓓ ③ⓑ ④ⓐ

EXERCICE 6

A) Elle s'est achetée un nouveau sac en cachette.

B) 1) ① 2) ③ 3) ② 4) ④

C) ① D) ②

E) ①ⓖ ②ⓑ ③ⓐ ④ⓓ ⑤ⓙ ⑥ⓔ ⑦ⓗ ⑧ⓕ ⑨ⓒ ⑩ⓚ ⑪ⓘ

第6章

EXERCICE 1

Partie 1 能動態 A) 1, 2, 4, 5, 8, 11, 16 B) 12, 13 C) 7, 10, 15 D) 3 E) 6
F) 9, 14

Partie 2 受動態 A) 1, 3, 5, 7, 10, 15, 16 B) 9, 11 C) 4, 6, 13 D) 2 E) 12
F) 8, 14, 17

EXERCICE 2

Partie 1 A) 1 briser B) 3 boucher C) 2 poser D) 4 déchirer E) 5 casser
F) 6 accrocher G) 7 décolorer H) 8 tomber I) 9 changer

Partie 2 A) 12 casser (était cassée) B) 5 fendre (était déjà fendu)
C) 14 rentrer (étaient déjà rentrés) D) 1 naître (était déjà né)

E) 10 fatiguer (était fatiguée) F) 3 éteindre (était éteint)

G) 8 cuire (n'était pas assez cuit) H) 9 se faner (n'étaient pas encore fanées)

I) 13 mourir (était déjà morte) J) 6 allumer (était encore allumée)

EXERCICE 3

A) la fille. B) On ne sait pas vraiment pourquoi. C) va décoller, d'atterrir

D) mal, son placard E) de perdre du poids. F) partir G) impatiente.

H) a encore faim. I) son nez. J) de tabac. K) cesse. L) Elle lit un livre.

M) Il pleut. Le chemin est impraticable.

EXERCICE 4

A) ①⑥ B) ④ C) ① (③)

D) pleine de clients

E) malfrats, malfaiteur, chef, individus, bandits

F) ③

G) 1) s'est mise 2) n'avaient pas terminé 3) était choquée

4) ont pris, étaient posées 5) ont eu achevé, sont repartis 6) a eu

EXERCICE 5

Partie 1 A) 1, 5, 12 B) 8, 9, 10 C) 3, 6, 7, 11, 13, 14 D) 2 E) 4

Partie 2 A) 2, 13 B) 1, 9, 14 C) 3, 5, 7, 10, 11, 12 D) 8 E) 4, 6

EXERCICE 6

Vrai : E H **Faux :** A B C D G **On ne sait pas :** F

I) ③ J) ② K) ③ L) ②

第7章

EXERCICE 1

A) parte B) mente C) reviennes D) ait E) écrives F) puisse G) ailles

H) soit I) le reçoives J) aide K) pleuve L) vienne M) soit N) fassent

O) ne partions P) aies Q) soyez R) reposiez / repreniez / dormiez

S) interviennent / fassent T) obtiennent

EXERCICE 2

A) ⓚ ⑫ B) ⓞ ② C) ⓔ ⑬ D) ⓑ ⑦ E) ⓒ ⑭ F) ⓕ ⑯ G) ⓟ ⑤ / ⓟ ⑩

H) ⓗ ⑮ I) ⓝ ⑪ J) ⓐ ③ K) ⓠ ⑪ L) ⓜ ⑥ M) ⓘ ④ N) ⓡ ⑯ O) ⓖ ⑧

P) ⓛ ① Q) ⓓ ⑨ R) ⓙ ⑭ S) ⓠ ⑭

EXERCICE 3

Oui : B I

Non : A C D E F G H J

A) Il n'est pas question que ... B) J'aimerais que tu me dises ...

C) Ce professeur a défendu que ... D) Je refuse que ...

E) Je doute que ... F) Nous déplorons que ...

G) Le monarque ordonne que ... H) Je crains que ...

I) Vous permettez que ... J) Marie attend que ...

EXERCICE 4

Dialogue 1

A) ② B) ③ C) les impôts / ce soir minuit

Dialogue 2

A) ② B) 3 C) 7 D) 4

Dialogue 3

A) ⑤ B) ③ C) doivent reprendre dans 2 jours D) ①

E) Les envoyer par la poste.

EXERCICE 5

Dialogue 1

A) rendrais, prendrait, ferait, faudrait, aurait, visiterait, conviendrait, voudrais

Dialogue 2

A) feriez

B) achèterais, marierais, serions, voyagerions, pourrions, connaîtrions, saurais, aimerais, devrais

Dialogue C

A) enverrais, demanderais, recevrait, enverrait, dirait, répondrait, mourrais

B) attendrais, courrais, irais, prendrais, chanterais, entendrait, regarderait, descendrait, viendrait, serions

C) aurais, apprécieraient, préféreraient

EXERCICE 6

Dialogue 1

A) ①③　B) Il ne peut choisir　C) ferais, serais, pourrais

Dialogue 2

A) anglaise

B) Londres, hommes d'affaires

C) parlerais, boirais, prendrais, saluerais

D) ① connaîtrait

Dialogue 3

A) serait tombé

B) jambe, poignet

C) aurait paniqué, se serait emballé, aurait atterri, aurait amorti, aurait manqué, aurait heurté, aurait

D) sortirait, dans une semaine

第 8 章

EXERCICE 1

A) 3　B) 2　C) 1　D) 9　E) 4　F) 8　G) 5　H) 6　I) 7

EXERCICE 2

A) Je ne sais pas si　B) Il est indiscutable que　C) Il se peut que

D) Croyez-vous que　E) Tu es sûr que ... ?　F) Je doute que

G) Il est évident que　H) Il est plus que probable que

I) Je ne suis pas certain que　J) Je ne pense pas que

K) Il ne me semble pas que L) Peut-être que M) Pensez-vous que

N) Il se pourrait que O) Il est incontesable que P) Supposons que

EXERCICE 3

Dialogue 1

A) trois fautes d'orthographe

B) ① rigoureuse, dynamique, organisée, dotée

② marché, produits

③ talent, diplomate

C) anglais, français, espagnol

D) Non. Le mieux que nous puissions faire maintenant est d'espérer que nous allons trouver la perle rare.

E) ③

Dialogue 2

A) 1) puisse 2) aie (...) vue 3) ait créé 4) doive 5) ait compris 6) puisse 7) fasse 8) comprenne (...) écoute 9) corresponde 10) convienne 11) fasse

B) ②

EXERCICE 4

A) 1) je ne crois pas/ certainement/ sûr/ je ne savais pas / sûrement

2) je suis(...) inquiet / j'ai (...) peur / j'ai (...) peu de chances / il se peut

3) je pourrais

4) n'ai (...) pas pu / tu es (...) capable / je ne peux pas

5) ils veulent / ils désirent

6) tu devrais / il vaudrait / je pourrais

7) il est nécessaire / il est indispensable

B) Ils vont faire des révisions ensemble tous les dimanches après-midi pour préparer leurs examens du bac blanc.

C) ① あるいは ③

D) ③

EXERCICE 5

Dialogue 1 1) voudrais 2) Pourriez 3) aimerais 4) Connaîtriez 5) pourrait

Dialogue 2 1) devriez 2) faudrait 3) auriez 4) seriez 5) sauriez 6) feriez

Texte 1) aimerais 2) auriez 3) auriez 4) dû 5) aviez 6) perturbée 7) aurais 8) fini 9) aurions 10) pu 11) aurait 12) téléphoné 13) aurait 14) quitté 15) serions 16) restés 17) avais 18) été 19) retenue 20) aurais

21) pris 22) aurait 23) eu 24) pensiez 25) preniez

EXERCICE 6

Vrai: A C F

Faux: B D E F G H K

On ne sait pas: I J L

第 9 章

EXERCICE 1

Partie 1 : A) ④ B) ② ⑧ C) ③ ⑤ ⑦ ⑩ D) ⑨ ⑪ ⑬ E) ⑥ ⑫ F) ①

Partie 2 : A) ③ B) ④ ⑦ C) ② ⑤ ⑫ ⑬ D) ⑧ E) ⑥ ⑨ ⑩ F) ① ⑪

EXERCICE 2

A) Il est allé déposer sa voiture au garage pour y faire vérifier ses freins. Ce sera probablement cher (= coûter bonbon).

B) Après-demain dans la soirée.

C) Il a changé de coupe de cheveux.

D) ③

E) Son papier peint.

F) Un professionnel.

G) à l'arrière

H) Être riche comme Crésus, être pété de thunes.

I) Être têtu, obstiné.

J) ①

EXERCICE 3

A) ⓐⓒ B) ⓑ C) ⓑⓒⓓ D) ⓓ E) ⓐⓒ F) ⓐ ⓑ G) ⓑ H) ⓐ I) ⓐⓒ

J) ⓐ

EXERCICE 4

1) Ⓒ doit être pris 2) Ⓓ doit être bu 3) Ⓑ s'est fait renverser

4) Ⓐ s'est fait agresser 5) Ⓕ se sont fait punir 6) Ⓔ est lu et écrit

7) Ⓘ s'est laissé séduire 8) Ⓗ est utilisée 9) Ⓙ s'est fait vacciner

10) Ⓚ s'est laissé insulter 11) Ⓖ s'est laissé entraîner

EXERCICE 5

Dialogue 1 A) ③⑥⑩⑬⑦ B) ④⑤⑨ C) ②⑫ D) ⑧③⑪①⑭

Dialogue 2 ③

EXERCICE 6

A) bourde, gaffe, boulette

B) ③

C) Elle a aperçu le mec (= petit ami) de Marie en train de converser (= parler) avec une inconnue

D) ④

E) 1) larguer, jeter 2) ils dépassent les bornes 3) un mec, une fille / nénette 4) le hic

F) Qu'elle ne le sache pas, qu'elle ne l'apprenne pas.

第10章

EXERCICE 1

A) ⑥ B) ① C) ② D) ③ E) ⑤ F) ④

EXERCICE 2

A) 17 (waouh), 19 (tant mieux)

B) 20 (hep)

C) 4 (pouah), 18 (beurk)

D) 9 (bah oui)

E) 24 (ouille)

F) 5 (comment), 6 (bigre), 11 (pardi), 15 (ah bon), 21 (ah oui), 22 (fichtre)

G) 12 (hue cocotte), 13 (hop), 23 (que diable)

H) 3 (ah), 16 (oh la la), 21 (noon)

I) 1 (oh oui), 2 (eh bien), 14 (hourrah)

J) 13 (zou)

K) 7 (ouf), 8 (eh bien)

L) 5 (comment), 10 (mon Dieu)

（ ）内は，使われている間投詞やオノマトペです。Transcription や音声で確認してください。

EXERCICE 3

Dialogue 1

A) Oh, mon Dieu ! Mais qu'est-ce que c'est que ce bordel ? Comme c'est dégueulasse ! Mais que c'est dégoûtant ! C'est le comble ! Quelle honte !

B) Ce foutoir ; éparpillé partout ; tout étalée ; quel bastringue ; sens dessus dessous

C) Commencer à ranger maintenant.

Dialogue 2

D) ③ E) Débarrasser. F) ④ G) défaire, déplier « en le dépliant »

H) aient grandi I) ②

EXERCICE 4

1 A) précédente / précédant
B) adhérant / qu'adhérent
C) différent / différents
D) excellant / excellents / somnolents / somnolent
E) négligeant / négligentes
F) provocante / provoquant
G) influent / influentes
H) convainquant / convaincant / divergent / convergentes / convergeant
I) suffocante / suffoquant

2 A) ④ B) ② C) ② D) ② E) ③ F) ② G) ③ H) ①②③ I) ③

EXERCICE 5

A) française, polonaise B) professeur de mathématiques, institutrice
C) ② D) 1903 et 1911
E) 1) donna 2) fut bercée 3) désira 4) partit 5) obtint 6) devint

EXERCICE 6

A) ③
B) Courir à la rescousse de quelqu'un (« *nous courûmes à sa rescousse* »).
C) Reprendre de plus belle « *les douleurs reprirent de plus belle* ».
D) Nous fûmes fort surpris de la voir ainsi
Nous fîmes comme nous pûmes
Nous réussîmes à le soulever
Ils n'eurent pas à l'emmener
Il voulut se lever
E) troisième (= dernière)
F) Non. « *Cette peste de Louise* », « *Elle est vraiment dégueulasse celle-là. Une vraie pipelette !* », « *cette Louise, alors, je ne lui pardonnerai jamais.* »
G) Nous commençâmes à nous fréquenter
je sus que c'était elle
je parvins à les persuader
il fallut bien sûr nous cacher
Marion crut vraiment que c'était fini
Ils nous laissèrent nous fréquenter
H) Une pipelette, une commère.
I) ②③

TRANSCRIPTIONS

第 1 章

002 EXERCICE 1

● Madame, où faut-il placer les invités ?

○ Placez l'ambassadeur Rocher devant le portrait du président Obama, et madame l'ambassadrice à sa droite.

● Et les Leroux, où dois-je les mettre ?

○ Mettez monsieur et madame Leroux là, du côté opposé aux Rocher.
Et placez Maître Honoré devant le Monet, en bout de table.

● Où serez-vous assise, madame ?

○ À cette place, à l'autre bout de table, entre monsieur Leroux et l'ambassadeur !

● Et la Callas, madame ?

○ Oh, la cantatrice, je l'avais oubliée ! Décommandez-la : il n'y a plus de place autour de la table !

● Très bien, madame de la Roserie. Je m'en charge tout de suite. Je prétexterai tout simplement l'annulation de la soirée.

003 EXERCICE 2

Mme de la Roserie : Resterez-vous en poste à Paris jusqu'au printemps prochain ?

L'ambassadeur : Non, on va me nommer à Berlin, et ma femme et moi prendrons un mois de vacances en France avant de déménager là-bas. Nous ferons une croisière sur la Loire, puis nous naviguerons le long de la Bretagne, puis de la Normandie jusqu'au Havre.

Mme de la Roserie : Comme c'est original ! Et du Havre, vous retournerez à Paris par la Seine ?

L'ambassadeur : Oui, c'est cela. Et vous, Mme de la Roserie ?

Mme de la Roserie : J'irai en Amérique tandis que mon mari va rester ici, chez nous. Je veux voir New-York et Montréal.

M. Leroux : Vous avez bien de la chance. Ma femme et moi, nous nous contenterons de quelques jours en Provence et dans la vallée du Rhône.

Mme de la Roserie : Je vois que nous serons tous très occupés cet hiver. Eh bien, c'est le moment du dessert ! Marthe, vous voudrez bien apporter le dessert, s'il vous plaît !

EXERCICE 3

004

Mme de la Roserie : Monsieur l'ambassadeur, voudriez-vous jouer au tarot ? Il est déjà minuit passé.

L'ambassadeur : Avec plaisir. Nous y jouons toutes les deux ou trois semaines, le samedi en soirée avec des amis. Quand jouerons-nous la prochaine fois, ma chérie ?

L'ambassadrice : Sans doute le soir du 14 mars. La dernière fois, c'était un vendredi, le dernier jour de février. Oui, c'est cela, le 28 février dernier.

Mme de la Roserie : Le 28 février ? Comme c'est drôle, c'est le même jour que celui de la naissance de ma petite-fille. Elle est née un 28 février. C'était une année bissextile. Le 28 février 2000 exactement.

L'ambassadrice : Ah oui ? En l'an 2000 ? C'est une année exceptionnelle.

Mme de la Roserie : On est bientôt en avril. Que diriez-vous de faire aussi une partie chez nous début avril ? Au mois d'avril, je serai absente très souvent, mais au début du mois, avant le 5, cela ira très bien.

L'ambassadeur : Ce sera un samedi soir ?

Mme de la Roserie : Oui. Ce sera le premier samedi du mois d'avril.

L'ambassadeur : Les samedis, il n'y a pas de problème pour ma femme et moi.

EXERCICE 4

005

L'ambassadeur : Au fait, j'ai vu le marquis de Mollans l'autre jour. Il a eu un accident de cheval. Il s'est cassé la jambe en tombant. Le pauvre a la jambe toute enflée au niveau de la cuisse. Elle est même toute bleue ! Il est encore hospitalisé quelques jours.

L'ambassadrice : Mais ce n'est pas tout ! Il s'est aussi blessé au bras droit. Il ne peut bouger la main et le poignet droits ! Et il a le visage tuméfié. Et il a perdu des dents, et...

Mme de la Roserie : Bon, ça suffit comme ça pour les mauvaises nouvelles. Nous irons le voir à l'hôpital. Vous nous donnerez l'adresse, je vous prie. Mais au fait, comment est sa nouvelle compagne ?

M. Honoré : Je l'ai rencontrée au club de golf avant l'accident du marquis. Elle est très belle. Elle a les yeux bleus et les cheveux blonds.

Mme Leroux : Oui, ses cheveux sont longs et bouclés. Elle a le teint aussi blanc qu'une *geisha* avec ses paumettes roses. Elle a de longs doigts effilés et de jolies petites mains délicates. On dirait une vraie poupée de porcelaine sur certaines photos ! Tenez, voilà son selfie sur son compte Facebook !

EXERCICE 5

006

Mme Leroux : Quelqu'un doit m'expliquer les règles de ce jeu. Je ne m'en souviens qu' un tout petit peu.

Mme de la Roserie : Bien. D'abord, voici les cartes habituelles : cette carte est le roi de pique, celle-ci est la reine de cœur, et celle-là le valet de carreau. Cette autre carte est le cavalier de trèfle. Il faut bien distinguer certaines cartes des autres car elles n'existent pas dans les jeux de cartes habituels. Par exemple, celle-ci s'appelle le un d'atout ou le Petit. Celle-là, l'Excuse. On l'appelle aussi « joker ». On peut la jouer n'importe quand, sauf au dernier tour. Utilisez-la quand vous avez quelque hésitation pour décider quelle carte jouer. De toute manière on ne peut vous prendre cette carte : le joueur qui gagne le tour doit vous la rendre et vous donner une autre carte de n'importe quelle valeur.

Mme Leroux : Bien, j'ai compris. On sort cette carte à n'importe quel moment de la partie, sauf au dernier tour. Sinon, on la perd complètement. Ce serait dommage de perdre une telle carte, car l'Excuse vaut 5 points, n'est-ce pas ?

Mme de la Roserie : Oui, elle a la même valeur que le 21 et le Petit. Et aucune carte n'est plus forte que le 21.

Mme Leroux : J'ai compris. Tous les atouts sont plus forts que toutes les autres cartes du jeu, mais n'importe qui peut me prendre le 1 d'atout avec un autre atout. Et est-ce que le valet a la même valeur que le cavalier ?

Mme de la Roserie : Non. Il y a diverses cartes avec différents personnages. Elles ont donc différentes valeurs. Le roi vaut 5 points, la dame 4, le cavalier 3 et le valet 2. Les cartes de 1 à 10 n'ont aucune valeur réelle : seulement un point par paire. Ce sont vraiment des cartes quelconques.
Par exemple, cette carte est le roi de pique, celle-ci est la reine de cœur, et celle-là le valet de carreau. Cette autre carte est le cavalier de trèfle. Bien, je vais distribuer les cartes à chaque joueur. Chacun de vous doit en avoir 14 à la fin. On y va !

EXERCICE 6

007

Mme de la Roserie : J'ai une de ces soifs ! Pas vous ?

L'ambassadeur : Oui, j'ai soif moi aussi. Une grosse soif ! Vous avez du brandy ?

Mme de la Roserie : Marthe, servez un verre de brandy à monsieur l'ambassadeur. Utilisez les verres en cristal.

M. Leroux : J'ai vraiment honte de mon incompétence au tarot !

Mme Leroux : Oui, mon chéri, vous ne me faites pas honneur ce soir. Mais je ne veux pas vous chercher querelle pour cela. Oh, j'ai une petite faim tout à coup. Il reste des canapés, je crois.

L'ambassadeur : Vous n'avez pas de rince-doigt, s'il vous plaît ? J'ai les doigts gras. Je ne voudrais pas tacher les cartes. Oh, trop tard. Il y a une tache de gras sur celle-ci ! Désolé.

M. Honoré: Vous pouvez faire usage de ma serviette. Elle est encore propre.

Mme de la Roserie : Bien, je sors mon roi de pique cette fois-ci ! Il n'y a pas de victoire sans risque !

L'ambassadeur : Oh, bravo, vous remportez cette partie avec brio !

Mme de la Roserie : Vous me ferez bien l'honneur d'une seconde partie !

第2章

EXERCICE 1

009

A) Je suis fonctionnaire et ma femme est employée de banque. C'est moi qui fais le petit déjeuner et c'est ma femme qui fait la vaisselle. Je vais travailler à la mairie à 8h15, ma femme s'en va plus tard. Avant de partir, je lui dis quelque chose de gentil ; elle m'en dit autant. Sinon, je lui mets un message sur son téléphone ; elle, elle ne sait pas bien utiliser son smartphone. Il faut souvent lui expliquer des petites choses car elle n'en connaît pas bien son fonctionnement.

010

B) Vous buvez du café le matin ? Moi, je prends plutôt du thé sinon je ne bois rien alors que mes enfants prennent toujours un jus de fruit. Je viens de préparer des tartines justement, en voulez-vous ? Non ? ... J'attends un peu : elles sont trop chaudes. Ah bon ? Vous devez déjà partir ? Je peux vous préparer un sandwich en vitesse, si vous voulez. Quoi ? Vous ne pouvez pas manger de pain ? Ah, vous faites un régime ! Vous savez, je ne crois pas qu'un petit écart... Euh, un instant, s'il vous plaît, j'entends la sonnerie de mon portable. Où je l'ai mis encore ?

011 C) Quand certains automobilistes voient un radar, ils choisissent souvent la meilleure solution : ils s'emploient à respecter davantage le code de la route. Ils ralentissent et conduisent plus prudemment. Quand ils aperçoivent un barrage de police, d'autres même réfléchissent davantage. Ils sentent le danger, réduisent leur vitesse, mettent leur ceinture de sécurité et éteignent leur portable.

012 D) Mes amis, ne baissons pas les bras ! Le conseil d'administration et moi continuons à penser, et espérons sincèrement, que si nous travaillons tous, que nous unissons nos forces ensemble et que nous créons ainsi de la valeur, notre entreprise gagne à augmenter son chiffre d'affaire rapidement. Le travail en commun paye toujours. Alors je vous appelle à cesser ce mouvement social. Vous jouez le jeu et moi j'oublie votre grève. Êtes-vous avec moi ? Vous me suivez ? Oui ? Bon, dans ce cas, je m'assieds alors... Promis. Je ne vous interromps pas. Allez-y ! Je vous écoute.

EXERCICE 2

013 A) Oui, mon fils a fait la grasse matinée. Il a dormi jusqu'à 11 heures. Normal, il a eu piscine hier après l'école.

014 B) J'ai oublié mon portefeuille quelque part sinon je l'ai perdu ou bien on me l'a volé !

015 C) Avant-hier, on est allées faire les magasins avec Sophie mais on n'a rien acheté. Les robes étaient trop chères et on n'avait pas assez sur nous.

016 D) Ma mère et ma sœur ont déjà voyagé au Japon. Elle sont déjà allées à Kyoto et ont visité le Pavillon d'or. C'était très beau, paraît-il. Par contre, elles n'ont jamais vu le Kōya-san. Elles souhaitent le visiter la prochaine fois qu'elles iront là-bas.

017 E) Pierre et son chien sont arrivés en bas de chez moi. Ils ont passé l'entrée et ont monté l'escalier en courant. Pierre s'est alors pris les pieds dans la laisse et il est tombé. Il a tout descendu sur le ventre et s'est cassé le bras. Une ambulance est venue le chercher et l'a emmené dans l'hôpital le plus proche. Il en est ressorti le soir même avec le bras droit plâtré. Son chien a eu plus de chance : il n'a rien eu du tout.

018 F) Nous nous sommes couchés tard car nous avons fait la fête et bu un peu

trop. Du coup, nous ne nous sommes pas levés à l'heure. Mon mari a dû s'habiller en toute hâte. Vous vous rendez compte : il ne s'est ni lavé ni rasé pour aller au travail ! Quant à moi, je suis aussi partie en retard, puisque j'ai quitté la maison vers 10h30.

019 G) Ce matin, on m'a dit que j'avais mauvaise mine. En fait, samedi, j'ai vu Marie qui m'a prêté un roman passionnant. Il m'a tellement plu que je l'ai lu en un jour. Je l'ai commencé dans l'après-midi et je l'ai mis sur ma table de chevet. Et voilà... Oui, oui, c'est ça, jusqu'à deux heures du matin.

020 EXERCICE 3 ●孫 ○おじいちゃん

● Grand-père, Papa m'a dit que tu avais été facteur avant de devenir professeur de sciences naturelles au lycée ! Comment ça se fait ?

○ Oh, mon grand. Je n'étais pas vraiment facteur. C'était il y a bien longtemps. Ton papa n'était pas encore né non plus et je ne connaissais pas encore Mamy d'ailleurs ! Et je le faisais comme petit boulot pour payer mes études.

● Tu as fait quoi d'autre comme petit boulot ?

○ J'ai été aussi derrière le guichet de la poste. À cette époque-là, je vendais des timbres, j'envoyais des colis. En parallèle, je commençais mes études à l'université. J'ai travaillé aussi en cuisine dans un restaurant : je faisais surtout la plonge mais je finissais les plats et buvais aussi les fonds de verre. C'est bien loin tout ça maintenant. Je me souviens que j'avais même été garçon de café un temps. C'est comme ça que j'ai connu ta grand-mère d'ailleurs. Un jour, elle s'était assise à la terrasse et je l'avais remarquée immédiatement. Elle était si belle. Elle buvait son thé avec une telle élégance. Que de souvenirs !

EXERCICE 4

021 A) Quand tu seras majeure dans un an et que tu auras ton permis, tu pourras conduire.

022 B) Dimanche, comme vous le savez les enfants ce sera le 3 mars, nous irons chez Papy. Vos cousins seront là aussi... Oui, oui, lorsque le repas sera terminé, vous irez jouer dans le pré avec eux.

023 C) Demain matin, je vous enverrai une lettre recommandée. Je le ferai avant midi sans faute car je serai libre entre 10 et 11 heures. Vous la recevrez au

plus tard après-demain.

024 D) Samedi, elles verront Tata Françoise et lui fêteront son anniversaire. Ça fait très longtemps qu'elles ne sont pas allées lui rendre visite en Auvergne depuis qu'elle a quitté l'Ile-de-France. Elles lui offriront un beau plat en porcelaine de Limoges. Ça lui fera plaisir, j'espère.

025 E) En juin, Rémy passera le bac. Il saura début juillet, autour du 6 ou 7, s'il l'obtiendra avec une mention puisqu'il vise la mention Bien avec une moyenne générale de 15,5.

026 F) J'appellerai Richard lundi en fin de matinée. J'achèterai deux parts de gâteaux pour nous deux. Et je le verrai à 4 heures. On prendra le goûter ensemble. Il sera heureux et se sentira ainsi moins seul.

027 G) Il devra venir chez moi ce soir. Il le faudra. Sûr, il viendra. Il s'assiéra dans ce fauteuil. Il boira un verre de son whisky préféré. Je lui proposerai alors de nous réconcilier. Il voudra peut-être enfin m'écouter.

028 H) D'après la météo, il pleuvra sans cesse pendant les trois jours de pont. Alors, je cueillerai des champignons plutôt mardi. Bien sûr, je jetterai les vénéneux. Ça vaudra mieux pour tout le monde !

EXERCICE 5

029 **Partie 1**

● Enfin un beau dimanche d'automne !

○ Oui, il a vraiment fait moche toute la semaine. Comment tu t'es occupée ces derniers temps ? Je ne t'ai pas vu depuis plusieurs jours !

● Hier, comme il pleuvait, le matin, je suis restée à la maison à faire le ménage tandis que Jérôme était au marché. Il a emmené les enfants à la bibliothèque de 13h00 à 15h00.

○ Tu ne m'as pas dit au téléphone que tu étais allée chez Ikea ?

● Si, mais c'était jeudi, vers 18h00 après le travail. J'ai enfin trouvé le meuble de salon dont je rêvais ! Le lendemain, je suis allée au centre sportif avant le boulot, en matinée, de 9h00 à 10h00. Je me sentais un peu rabougrie. J'ai commencé le travail vers midi. Et le soir, on s'est fait une soirée films d'horreur comme on était le 13 du mois ! C'était gore !

○ Et quand est-ce que Jérôme, les enfants et toi êtes allés au parc Astérix ? Le week-end dernier ?

● Non, c'était en semaine, il y a cinq jours. C'était mardi. Il y avait moins de monde comme ça, et les enfants n'avaient pas école. On y est restés jusqu'à l'heure du goûter. Mais le jour d'après j'ai dû prendre ma journée de repos tellement j'étais usée ! Heureusement que je m'étais bien reposée dimanche passé. Par contre, lundi dernier j'ai dû faire deux heures supplémentaires. Tiens, j'ai fait une tarte, tu veux la goûter ?

○ Avec plaisir ! On va se régaler !

030 **Partie 2**

● Vous avez des projets pour le week-end prochain ?

○ Oui, on ira à Paris vendredi soir pour voir ma sœur, et on passera deux nuits chez elle.

● Et qu'est-ce que vous ferez là-bas ?

○ On visitera un musée le lendemain, et quand on aura fini, l'après-midi de samedi, on fera peut-être un peu les grands magasins pour les enfants.

● Pas pour toi ?

○ Oh si. J'aurai besoin d'une nouvelle tenue quand j'aurai changé de travail.

● Quoi ? Tu vas changer de travail ? Mais quand ? Tu me l'avais caché !

○ Oui, ce n'était pas vraiment sûr. Mais quand j'aurai achevé mon contrat actuel d'ici la fin de ce mois-ci, on ne me renouvellera pas. Je viens juste de l'apprendre.

● Mais, c'est terrible ça.

○ T'inquiète pas. J'hésitais toujours entre m'occuper des enfants ou faire autre chose. Mon taf actuel me lassait. Et j'ai trouvé deux annonces intéressantes hier. Je passerai des entretiens ce vendredi. Je te dirai quand j'aurai eu les réponses, le mois prochain au plus tard.

● Je te dis merde alors.

EXERCICE 6

Texte 1

031

Victor Hugo fut à la fois poète, écrivain et dramaturge. Il naquit en 1802 et fut véritablement un témoin du XIXe siècle, puisqu'il mourut justement en 1885. Hugo eut la chance de voyager beaucoup dans son enfance avec sa famille, et il déménagea fréquemment en raison du travail de son père, officier sous Napoléon. Il se maria à son amie d'enfance Adèle Foucher. Ils eurent cinq enfants. Malgré la foi catholique de sa mère dans laquelle il grandit, Hugo se rebella contre cette éducation religieuse lorsque la révolution de 1848 eut lieu. Il devint alors le champion du républicanisme et de la libre pensée. Il écrivit beaucoup de romans et son plus célèbre fut sans doute *Les Misérables*, qui donna plus tard lieu à de nombreuses adaptations au cinéma et dans les comédies musicales.

032 **Texte 2**

Napoléon, après sa première abdication en avril 1814, dut vivre 10 mois sur l'île d'Elbe, non loin de l'Italie. Mais après qu'il eut entendu parler d'un projet de déportation sur une île de l'Océan Atlantique, il s'évada. Le sort de sa femme et de son fils aux mains des Autrichiens l'avait poussé aussi à agir. Une fois qu'il fut retourné en France, il reprit le pouvoir en mars 1815 pendant 100 jours. En effet, à peine eut-il perdu la bataille de Waterloo le 18 juin 1815 qu'il dut abandonner de nouveau le pouvoir. Ce fut la dernière fois que l'armée française, qui était dirigée par Napoléon lui-même, s'opposa aux armées européennes qui étaient venues mettre définitivement fin à son règne. Aussitôt qu'il eut abdiqué, Napoléon fut déporté et emprisonné par les Britanniques sur l'île Sainte-Hélène où il passa la fin de sa vie. Il y mourut un samedi, le 5 mai 1821.

第3章

EXERCICE 1

034 A) La majorité de ma famille habite dans le Bordelais dans le Sud-Ouest de la France. Mais j'ai aussi un oncle et une tante dans le Massif Central et un cousin qui travaillent dans le Midi. Mais je ne suis jamais allé le voir sur la Côte d'Azur.

035 B) Au printemps, pendant trois semaines en mars, les étudiants peuvent participer au choix à un séjour linguistique dans les pays et villes suivants : au Havre en France, à Porto au Portugal, à Madrid en Espagne, à Stockholm en Suède, à Amsterdam aux Pays-Bas, à Édimbourg ou à Glasgow en Écosse au Royaume-Uni.

036 C) Si une région plus éloignée les intéresse, ils peuvent également se rendre en été : au Caire en Égypte, au Cap en Afrique du Sud ainsi qu'en Nouvelle-Zélande. Par contre, nous n'avons aucune destination en Amérique du Nord car trop de gens souhaitent aller aux États-Unis ou au Canada.

037 D) Si vous préférez des lieux plus classiques et plus culturels, nous pouvons

vous proposer : Saint-Pétersbourg en Russie. Mais c'est en automne.

038 E) Enfin, plus exotique, il y a la possibilité d'aller deux semaines en hiver en famille d'accueil à Taïpei — c'est à Taïwan —, aux Philippines, à Mayotte — c'est une île française au large de Madagascar —, ou bien en Polynésie Française.

EXERCICE 2

039

A) La longueur de ce fleuve est de 547 kilomètres.

B) Tournez à droite au troisième feu.

C) Je vais en France à la fin du mois

D) Il faut terminer ce travail avant demain.

E) Pour réussir dans la vie, il faut étudier sérieusement.

F) J'ai été étonné de son attitude étrange.

G) Mon fils est sorti de l'université et est devenu docteur.

H) Je fréquente le club de sport trois fois par semaine.

I) Cette lettre est pour Mamie.

J) Elle est tombée de vélo et s'est blessée.

K) Les oiseaux migrateurs se sont dirigés vers le sud.

L) Remplissez ce document avec un crayon noir.

M) L'an passé, je suis allé à Miyakojima en bateau.

N) Ma grand-mère est décédée à l'âge de cent ans.

O) Tiens ! Tu vois bien que ce porte-monnaie n'est pas en cuir !

P) Les enfants jouent au parc avec le chien.

Q) Ce chapeau va bien avec ta robe.

R) Il ne faut pas confondre amour et amitié.

EXERCICE 3

040

A) Elle est compréhensive vis-à-vis des autres.

B) La Maman d'Hugo l'attend tous les jours devant l'école.

C) Vincent habite encore chez ses parents.

D) Promis. J'arriverai entre 7h00 et 7h15.

E) L'aspirateur est appuyé contre le mur du placard.

F) Les écoliers jouent dans la cour de l'école en chantant.

G) Quelqu'un nous écoute derrière la porte.

H) Veuillez sincèrement m'excuser. J'arriverai avec deux heures de retard.

I) Je suis sûr que ma petite amie ira jusqu'au bout du monde avec moi.
J) Ces étudiants bavardent sans cesse en classe. C'est exaspérant.
K) Des corbeaux sont sur le toit de l'immeuble.
L) J'ai installé un radiateur électrique sous la fenêtre de la chambre.
M) Mon grand-père habite seul dans une maison hors du village.
N) Selon le journal, il fait froid demain.
O) D'après lui, je suis trop cultivé.
P) Je ne peux pas vivre sans elle.
Q) J'ai un problème dans mes comptes. Je ne trouve pas une facture importante parmi une centaine d'autres.
R) Dès le plus jeune âge, de plus en plus d'enfants ont les yeux rivés sur des écrans.
S) Malgré le mauvais temps, je sortirai coûte que coûte.
T) J'ai rencontré Richard par hasard sur les Champs-Élysées.

EXERCICE 4

041

A) Grâce à elle, j'ai pu rembourser mon prêt.
B) Vu la situation, je ne sais que dire.
C) En raison d'une grève à la RATP, le service dans Paris est particulièrement perturbé.
D) À la suite de votre courrier, nous avons décidé de vous contacter.
E) En raison d'intempéries, le trafic entre Lyon et Chambéry est interrompu.
F) Tu m'épateras toujours. Tes connaissances sont infinies comparées aux miennes.
G) Eu égard à sa célébrité, nul besoin de le nommer.
H) Elle doit faire cette injection à raison de deux fois par semaine.
I) Il est indifférent à l'égard de ceux qui ont perdu un proche.
J) À propos de l'année 2000, voici en quelques mots le bilan économique de la France.
K) Par égard pour elle, je ne le lui avouerai jamais.
L) Pour ce qui est de la réunion, je vous propose le 15 mai à 9h00. Ça vous convient ?
M) Isabelle va rester à la maison. Quant à toi, tu viens avec moi.
N) Du point de vue de Sophie, cette théorie tient la route. Moi, j'en doute.
O) Du fait de son témoignage l'innocentant, les policiers l'ont relâché.

EXERCICE 5

042

① Ce monsieur salue poliment la dame.
② L'enfant caresse gentiment le chien.
③ Le papa parle tout doucement à sa fille.
④ Le voleur marche très prudemment le long de la gouttière du toit escarpé.
⑤ Le garçon rit joyeusement.
⑥ Ne roule pas trop rapidement, mon chéri, j'ai peur en voiture !
⑦ Le chien et le chat se regardent fixement dans les yeux.
⑧ L'étudiante réfléchit intensément durant son examen.
⑨ L'escargot avance tout lentement le long des herbes.
⑩ Le gamin est rentré de l'école honteusement en raison de sa mauvaise note au test.
⑪ Un policier a frappé fortement un manifestant. Il a été mis à pied le lendemain.
⑫ Le chauffard a mortellement blessé le piéton.

EXERCICE 6

043

- ● Ton intérieur est douillet ! J'aime bien tes fauteuils moelleux autour de la table basse rectangulaire. Tu as bien disposé tes meubles dans ce grand espace. La table basse au milieu du salon va très bien avec le grand tapis, ton papier peint blanc. Ça contraste très bien avec ta tapisserie médiévale.
- ○ Et qu'est-ce que tu penses de mon nouvel écran plat intégré au mur, juste au-dessus de la cheminée ?
- ● C'est une bonne idée. Cela ne prend pas de place au moins. Oh, il y a des bûches dans la cheminée ?
- ○ Oui, j'ai fait une flambée avant ton arrivée, il y a juste une demi-heure environ. Un moment, je pensais la faire condamner, mais pour finir je l'ai laissée telle quelle ... Et, comment tu trouves le reste de la décoration ?
- ● Tu as bon goût, Camille. J'aime beaucoup le tableau bleu à droite du miroir ovale. Tu les a bien placés de chaque côté de l'accès à la buanderie. Tes coussins à pois ici et là sur les fauteuils me plaisent aussi. Les petites fleurs rouges sur la table basse contrastent bien avec le reste. Et ces trois objets carrés sur le mur derrière le fauteuil, qu'est-ce que c'est ?
- ○ Des décorations murales qui absorbent l'humidité. C'est à la mode en ce moment.

- Je vois. Tu as un beau meuble à étagères au pied des escaliers. Oh, mais qu'est-ce que c'est que ce livre, là sur ce chevet original ? Oh ! Mais c'est la biographie de Mylène Farmer ! Dis, tu me la prêtes ?

第4章

EXERCICE 1

045

1) Comment vas-tu t'habiller pour ce soir ?
2) Où allez-vous en famille pendant les vacances ?
3) Que porte-t-elle au cou ?
4) Par où passes-tu pour aller à l'aéroport ?
5) Combien coûte cette barquette ?
6) Quelle est la date de sortie ?
7) Qu'est-ce qu'il a entre les pattes ? Mais avec quoi joue-t-il ?
8) À qui téléphone-t-il sans cesse ?
9) Que mange-t-on ce soir ?
10) Quelle heure est-il ?
11) Pourquoi pleurez-vous ?
12) Dans combien de temps arriveras-tu à la maison ?
13) Laquelle de ces couleurs préfères-tu ?
14) En quoi consiste ton travail ?
15) Quelles études aimeriez-vous faire ?
16) À quelle heure comptes-tu rentrer ce soir ?

EXERCICE 2

046

- ● Qu'est-ce qu'on va faire cette fois-ci pour la fête de l'université ?
- ○ Pourquoi pas jouer une pièce de Molière ?
- ● Laquelle vous voulez jouer ? J'aime bien le *Malade Imaginaire*.
- ○ Bonne idée ! Mais dans quelle langue peut-on le faire ? En français, qui comprendra ?
- ● En anglais ?
- ○ Pourquoi vous ne voulez pas jouer en japonais tout simplement ? Ainsi, pas de problème de compréhension. Les costumes et l'intrigue suffisent pour faire partager la culture française de cette époque.
- ● C'est vrai. Mais comment nous financerons les costumes ?
- ○ On peut en fabriquer certains et on peut financer d'autres costumes avec

une tombola.

- ● Et quels prix donnera-t-on aux gagnants de cette tombola ?
- ○ Les costumes eux-mêmes !
- ● Et où tu vas trouver le matériel de scène, les décors ? Avec quoi on va monter la scène ?
- ○ Pas d'inquiétude ! Le club de théâtre nous prêtera ce qu'il faut.

EXERCICE 3

047

A) Pas mal de personnes ont lu ce livre utile destiné aux 50-60 ans.

B) En deux mots, j'ai peu de temps, alors je ne lis pas beaucoup de livres.

C) Depuis plusieurs mois, de moins en moins de clients dépensent dans nos boutiques.

D) Le dernier typhon a causé énormément de dégâts, chiffrés à plusieurs milliards de dollars. Il faudra attendre une à plusieurs semaines avant d'avoir tout nettoyé.

E) J'ai quelques amis américains. Je connais fort bien les Campbell depuis de nombreuses années. Ils sont vraiment trop gentils.

F) Un certain nombre de mes amis ne sont pas contents de leur situation professionnelle. Quelques-uns veulent même changer de métier. D'autres désirent même la retraite anticipée.

G) J'ai quelque chose à te dire. J'ai rencontré quelqu'un de super.

H) Un certain Sherlock Holmes a fait arrêter ce célèbre voleur.

I) Dans une telle situation, je ne sais pas si tel ou tel employé est le meilleur.

J) La répartition des tâches a été adaptée dans une certaine mesure.

K) Sois un peu plus calme. Ton attitude est quelque peu déconcertante !

L) Il y a autant d'amoureux que d'étoiles dans le ciel.

M) Si vous avez une quelconque raison de croire que ce médicament vous rend malade, contactez immédiatement votre médecin. Il peut avoir des effets secondaires.

EXERCICE 4

048

Dialogue 1

- ● Mon sac n'est plus au porte-manteau. Je ne le trouve nulle part. J'ai bien dû le poser quelque part pourtant. Où l'ai-je donc mis ? C'est tout moi ça.
- ○ Marrant. Tu passes toujours ton temps à le chercher. As-tu déjà regardé sur

l'étagère de la chambre ou près de ta penderie ?

● Oui. Il n'est ni dans la cuisine ni dans le salon non plus. Par contre, je n'ai pas encore regardé dans la salle de bain, mais ça m'étonnerait.

○ Je ne le vois guère, moi non plus, en effet. Tu l'as encore posé près de ton lit, non ? Il a peut-être glissé dessous d'ailleurs ?

● Pas du tout. Ah ! Là ! Là ! Aucune trace nulle part. Sans blague, comment je fais pour sortir sans mes papiers et mes clés de voiture, moi, maintenant !

049 **Dialogue 2**

● Vous avez déjà été hospitalisé pour une opération chirurgicale ? Moi, jamais. J'ai vécu jusqu'à présent sans jamais une seule grave maladie. Et voilà qu'ils viennent de me trouver une tumeur bénigne dans l'estomac. Je crains que je ne tombe gravement malade.

○ Voyons, voyons. Ce n'est pas mortel et ça ne peut pas se métastaser si elle est bénigne. Donc, sans hésitation, je peux vous rassurer. N'ayez crainte. Les médecins sont compétents. Ils vont traiter votre mal et vous serez rapidement guérie totalement. Vous n'avez aucune raison de vous inquiéter.

● Je ne doute pas que vous ayez raison. Mais j'ai besoin d'être rassurée.

○ Comptez sur moi, je vous appellerai et vous rendrai régulièrement visite à l'hôpital.

EXERCICE 5

050 A) Le célèbre gentleman cambrioleur Arsène Lupin a réussi on ne sait comment à s'évader de la prison où il était détenu. Il a problablement demandé à je ne sais qui de l'aider. Dieu seul sait qui, quand, comment et de quelle façon il a opéré. Inspecteur Belleville, pour le micro de France News, quelles précisions pouvez-vous nous apporter au sujet de cette évasion ?

051 B) Je tiens à rassurer la population. Tous les moyens sont mis en œuvre pour rattraper le fugitif et ses complices. Certes, on ne sait ni avec qui, ni comment, ni quand tout cela s'est produit mais l'enquête progresse. Elle progresse même vite, très vite. Et quand bien même l'individu Lupin nous nargue en envoyant ce matin à la PJ une lettre accompagnée d'un je ne sais quoi en tissu, nous l'attraperons, vous dis-je, et plus vite que vous ne le pensez. Quoi que tu en penses, mon gaillard, quoi que tu fasses, où

que tu sois, tu ne peux plus nous échapper. Lupin, tu es fait !

EXERCICE 6

052

○ Rémi, c'est bientôt la première épreuve du BAC, mais j'ai beau réviser des dizaines et des dizaines de minutes tous les soirs, je me demande si je ne vais pas tout rater ! Je sais, quand je compare à mon frère, c'est moins difficile que la préparation de son agrég tout de même.

● Laure, quand bien même tu échouerais à l'épreuve de philosophie, il y a encore un bon nombre de matières où tu excelles ! L'important, c'est de reprendre tes cours régulièrement, chaque soir.

○ C'est pourtant ce que je fais depuis quelques mois, tous les soirs, je te jure ! Je ne sais pas pourquoi, mais je panique aux environs des échéances. Tu sais si je suis la seule comme ça ?

● Il y a pas mal de candidats comme toi, tu sais ! N'importe qui peut réagir ainsi.

○ Mais toi, tu réussis à n'importe quel test ! Je me demande comment tu fais, honnêtement.

● Il faut faire des pauses régulièrement. Tu en fais tous les combien ?

○ Je ne sais pas. Je n'ai jamais réfléchi à cela.

● Eh bien moi, je m'arrête cinq minutes toutes les heures, et je prends une boisson énergétique. Et puit ça repart ! Et je ne révise jamais jusque trop tard la nuit. Je stoppe vers minuit au plus tard. À tout prix, il faut rester frais le lendemain pour les cours !

○ Je vois. Bon, j'ai encore trente-six choses à faire avant l'examen de philo…

● Bon courage, Laure.

第 5 章

EXERCICE 1

Groupe 1

055

A） Éric, tu as fait tes devoirs ? – Bien sûr que je les ai faits.

B） As-tu raconté cette histoire à tes amis ? – Oui, je la leur ai racontée.

C） Voudriez-vous un café, monsieur ? – Oui, j'en veux bien un.

D） Êtes-vous déjà allé aux États-Unis ? – Oui, j'y suis déjà allé.

E） Vous connaissez des Français ? – Non, hélas, aucun.

Groupe 2
056

F) Y a-t-il plusieurs dictionnaires français-japonais sur la table de la bibliothèque ? – J'en vois plusieurs, en effet.

G) Tu veux bien me donner deux feuilles ? – Oui, je t'en donne deux.

H) Tu penses de temps en temps à ta famille qui est restée en Chine ?
– Oui, je pense souvent à elle.

I) À quelle heure les enfants sont-ils rentrés du club de judo ?
– Ils en sont rentrés à 18 heures.

J) Vous voyez cette montagne là-bas ? – Non, je ne la vois pas très bien.

Groupe 3
057

K) Tu seras au restaurant comme prévu à 7 heures ? – J'y serai. Promis !

L) Vous lisez souvent ce journal ?
– Oui, je le lis souvent. Je suis même abonnée.

M) Tu es heureuse de ce bon résultat ?
– Oui, j'en suis ravie, enchantée même !

N) A-t-il laissé un message sur ton répondeur ?
– Non, il ne l'a pas fait.

O) Pense-t-elle sans cesse à ce problème ?
– Oui, ça la préoccupe. Elle y pense constamment.

Groupe 4
058

P) Est-ce que tu l'appelleras aujourd'hui au sujet de la réunion ?
– Mais je l'ai déjà appelé hier !

Q) Peux-tu me donner mon carton d'invitation au concert ?
– Je te le donnerai cet après-midi.

R) Ont-ils déjà habité en Belgique ?
– En effet, ils y ont vécu trois ans. C'était à Bruxelles.

S) Avez-vous du travail ?
– Oui, j'en ai trop. Beaucoup trop.

T) Est-ce que ton père a vu des films d'animation japonais ?
– Il en a vu plusieurs avec moi, mais il n'aime pas trop.

EXERCICE 2
059

● La vendeuse ○ La cliente

● Que cherchez-vous, madame ?

○ Auriez-vous des pantalons en toile légère pour l'été ?

● Oui, nous en avons quelques-uns dans ce rayon là-bas.

○ Lequel ?

● Celui sur votre droite, au fond du magasin ! Nous avons un modèle confortable, agréablement léger et fluide.

...

○ Je ne le trouve pas dans le rayon que vous m'avez indiqué.

● Les pantalons en question sont sur l'étagère de dessus. Vous verrez, les deux poches côté soulignent le look décontracté de ce pantalon de détente très sympa.

○ Vous voulez dire ceux-là, là ? Ils ne me plaisent pas trop au toucher. Vous en avez d'autres ?

● Oui, nous en avons plusieurs gammes en stock. Je vous les apporte tout de suite. Vous faites du... ?

○ Quarante.

...

○ Le bleu me plaît beaucoup, mais la matière est rugueuse.

● J'en ai un plus doux au toucher. Le voilà. Il est comme celui que vous portez maintenant.

○ Oui, je voudrais le même pour la matière. Le vôtre me plaît vraiment. Ah, celui-là est parfait. C'est décidé. Je le prends. Attendez ! J'en voudrais plusieurs.

● Combien en désirez-vous, madame ?

○ Trois.

● Bien, madame. Autre chose ?

○ Avez-vous des chemisiers qui iraient avec ?

● Oui, là, sur ces étagères et ces cintres. Regardez.

EXERCICE 3

060

A) La voisine, je l'ai vue tout à l'heure à l'épicerie.

B) Ma sœur, elle rentrera à la fac l'an prochain.

C) Le baccalauréat, je l'ai eu il y a plus de 20 ans déjà !

D) De bonnes cuisses de grenouilles, nous en avons mangé dans ce restaurant-là !

E) Aux enfants, je leur ai fait faire leurs devoirs après l'école.

F) Les araignées, qu'elles soient petites ou grosses, ma mère en a très peur.

G) À la mairie, j'y suis allé trois fois pour rien !

H) Du vin, je n'en veux pas.
I) L'Italie, ils en reviennent justement !
J) Ce qu'il a dit, je le sais très bien !

EXERCICE 4

1 061

A) Et mes clés, tu les as mises où ?
B) Tu connais les histoires de Toto ?
C) Ferme la porte ; cela fait des courants d'air.
D) Je n'aime pas beaucoup le fromage.
E) Je l'aime bien, moi, cette prof. Elle est sympa.
F) Ferme cette fenêtre... Vite, mais ferme-la vite ! J'ai froid !

2 062

G) Je ne t'en ai pas parlé parce que cela ne te regarde pas.
H) Je crois qu'elle t'en veut pour ce mensonge.
I) Envoyez-m'en deux bouteilles, s'il vous plaît.
J) Tu crois en Dieu ?
K) N'en fais pas toute une histoire ! Ce n'est pas si grave.
L) Nous en avons gardé un peu pour toi dans le frigo.
M) Un raccourci ? Je n'en vois pas sur mon écran.

3 063

N) Je pense souvent à elles.
O) Je le crois volontiers mais il me faudrait des preuves.
P) Lui, je le crois volontiers.
Q) Oh oui, c'est celle-là ! Je la veux. Achète-la, s'il te plaît.
R) Faire dix jours de safari au Sénégal ? Je n'en ai pas envie.
S) Je ne le crois pas du tout !
T) Qu'est-ce que tu en penses ?
U) Réfléchissez-y quand même un peu.

EXERCICE 5

Dialogue 1 064

- ● Vous venez de rentrer de l'école, les enfants ?
- ○ Oui, on en revient tout juste.
- ● Tout s'est bien passé ? Vous avez eu de bonnes notes ?

▲ Oui, comme d'hab', M'man. On pourra regarder la télé ?
● Oui, mais vous ferez vos devoirs d'abord.
▲ D'accord, d'accord. On va les faire... Ah ! Là ! Là ! C'est pas une vie.
● Oh, ça va. Ne vous plaignez pas. Allez ! Zou ! Allez prendre votre goûter dans la cuisine. Une surprise vous attend.
▲ Ah bon ?
● Figurez-vous que Papa est en train de vous le préparer. Aujourd'hui, il est rentré tôt du travail. Tenez, le voilà justement ! Je crois qu'il vous a gâtés, mes chéris.
○ Super ! Des crèmes au tapioca. Merci papa.

065 **Dialogue 2**

● Tu l'as dit à tes parents ?
○ Moi ? Non, je ne le leur ai pas encore dit.
● Tu te moques de moi ou quoi ? Tu comptes le leur annoncer quand les poules auront des dents ? Oh, j'en ai plein le dos de ton manque de courage. Tu devais le leur dire hier pour nous deux !
○ Ne t'inquiète pas ! Je vais leur en parler très vite. Tiens, ce soir, d'accord ? Mais tu viens avec moi !
● Je ne peux pas y aller ce soir.
○ Tu ne peux pas ou tu ne veux pas y aller ?
● Oh, tu m'ennuies. Quoi qu'il en soit, ne va pas chercher midi à quatorze heures, prends ton courage à deux mains. Dis-le-leur simplement comme je l'ai annoncé aux miens ! Tu verras, les tiens en seront très contents aussi ! Surtout ta mère, elle sera aux anges, j'en suis certaine. Et ton père, il ne va pas te manger, lui non plus.

066 **EXERCICE 6**

● J'en crois pas mes yeux ! Y a anguille sous roche : t'as encore dépensé une fortune pour un sac Vuitton, n'est-ce pas ?
○ Et alors ! Tu m'en offres jamais ! Faut bien que j' me fasse plaisir toute seule !
● On'a pas les moyens, voyons. Maintenant, tu peux toujours courir pour que j' t'achète aut' chose. Tu peux attendre la Saint-Glinglin, c'est sûr. Même les voisins, i' disent que t'exagères !
○ Quoi ! Qu'est-ce t'as dit ? ... À mon tour de t'mettre les points sur les « i » !

Ta montre suisse, elle t'a rien couté peut-être !

● Tu m'en veux encore pour cet achat ! Ouais. T'as raison. Alors, mettons les pendules à l'heure. Moi, j' l'ai fait qu'une fois.

○ Y a pas de quoi t'en vanter ! Son prix vaut pour plusieurs d'mes achats !

● Tu peux pas t'en empêcher. C'est plus fort que toi. Faut que t'achètes dès qu' tu vois que'que chose qui t'plaît.

○ Et toi, si y avait que ça ! Monsieur ne peut pas se contenter d'une Renault. Il t'a fallu un cabriolet pour faire le beau auprès de la voisine ! T'arrêtes pas d'lui faire les yeux doux à celle-là, hein !

● Balivernes ! Qu'est-ce tu racontes ?

○ Elle m'a tout dit. Tu lui casses les pieds, paraît-il. J'vais la chercher, si tu veux.

● Sûrement pas. Le linge sale se lave en famille. La moutarde commence sérieusement à m'monter au nez. Tiens, voilà ce que j'fais du vase de ta tante !

○ Oh, l'malotru ! Il t'a rien fait, c'vase. De toute façon, je l'aimais pas... Et bien, regarde ce que j' fais, moi, à ta montre. Et hop, aux toilettes !

● C'est toi qui as fait ça, là ? Une petite fortune passée dans les égouts ! Comment t'as osé ? Eh bien, tu sais ce que j'fais de ton sac Vuitton ? Et bien v'là, i va passer 50 minutes en machine à laver. Ça va peut-être calmer Madame.

○ Oh, mon Dieu ! J'sens que je vais tomber dans les pommes. (*pause*) Pfiou ! Allons mon chéri, il ne faut pas t'mettre dans cet état. C'était une blague : regarde, la voilà ta montre.

● C'que tu peux êt' bête parfois. Bon. Allez, on fait la paix ? (*pause*) D'accord ? (*pause*) Allez, viens m'faire un câlin.

第 6 章

EXERCICE 1

068 **Partie 1** **Voix active :**

1）Les enfants ne rangent jamais leur chambre.

2）Michel ferme la fenêtre. Sa sœur ouvre la porte du couloir et la cale.

3）À l'agence de voyage, mon père reporte notre voyage en Égypte. Il annule aussi l'hôtel du Caire.

4）Ma mère tient dans ses mains le livre précieux.

5) Jean-François dépose un message dans la boîte aux lettres.
6) Est-ce qu'un très bon médecin la soigne ?
7) Une voiture a fauché le piéton qui marchait avec sa petite amie.
8) Qui s'occupe de fermer la porte d'entrée, s'il vous plaît ?
9) Le Président de la République nomme un nouveau Premier ministre.
10) Mon voisin ? Tout le monde l'aime.
11) Mon petit frère vide le reste du dentifrice.
12) Le banquier n'accepte pas de leur faire un prêt.
13) Ma banque m'envoie un courrier électronique.
14) Flash info. En direct. Catastrophe : un raz-de-marée détruit la petite ville portuaire.
15) Un homme cagoulé a bousculé une vieille dame hier.
16) Un coup de fil anonyme m'a réveillé cette nuit.

069 **Partie 2 Voix passive :**

1) J'ai été réveillé par un coup de fil anonyme à deux heures du matin. J'aurais mieux fait de couper mon smartphone.
2) Notre voyage est reporté par Papa. La réservation d'hôtel au Caire est aussi annulée. Quelle déception ! Moi qui me réjouissais de voir les grandes pyramides.
3) Par qui donc la porte d'entrée a-t-elle été fermée ? Je n'ai pas mon trousseau sur moi. Qui m'a pris mes clés ? Michel, c'est toi ?
4) La vieille dame a été bousculée par un homme cagoulé. Ce dernier a été arrêté par la police deux rues plus loin.
5) La chambre n'est jamais rangée par les enfants ! C'est un vrai nid à poussière.
6) Il est aimé de tous. Normal, il est toujours gentil, courtois et serviable avec tous les gens du quartier.
7) Le reste du dentifrice a été vidé en une fois ! Mais par qui ? C'est encore lui ? Oui, je sais bien. C'est mon petit frère et il n'a que 5 ans.
8) La petite ville portuaire a été détruite par un raz-de-marée en moins d'une demi-heure. Plusieurs centaines de véhicules ont été submergés par les eaux. Certains bâtiments innondés.
9) Un courrier électronique m'a été envoyé par ma banque pour qu'un rendez-vous soit pris rapidement.
10) Ce livre ancien en cuir avec enluminures est tenu avec précaution par ma

mère car il est transmis de génération en génération dans notre famille.

11) Leurs revenus étant insuffisants, leur prêt bancaire n'a pas été accepté.

12) Quoi ? Elle est hospitalisée depuis deux jours en soins intensifs ? Est-elle bien soignée au moins ?

13) Le piéton qui était accompagné de sa petite amie a été fauché par une voiture qui a pris la fuite.

14) Un nouveau Premier Ministre qui est respecté de tous, a été nommé par le Président de la Rébublique ce matin. Peu avant midi, des gerbes ont été déposées sur la tombe du soldat inconnu par ces deux représentants de l'État.

15) Un recommandé a été déposé ce matin dans ma boîte au lettres.

16) Pour éviter les courants d'air, la fenêtre est fermée par Michel. Ensuite, la porte du couloir est ouverte et calée par sa sœur.

17) Ce petit château qui a été mal entretenu pendant longtemps, a été revendu à une société multinationale. Beaucoup de travaux ont été effectués. Et il a été transformé en chambre d'hôtes.

EXERCICE 2

Partie 1

070

A) Mon Dieu, le vase est brisé en mille morceaux ! Que s'est-il passé ?

B) L'évier est bouché. L'eau ne s'écoule plus ! Il faut appeler le plombier.

C) Tes clés sont posées dans la cuisine et non sur l'étagère. Fais attention où tu les mets !

D) Mince ! Mon pantalon est déchiré sur le côté ! On voit que j'ai pris du poids en vacances...

E) La télécommande est cassée : je l'ai fait tomber par terre et vlan !

F) Ton trousseau de clés est accroché au crochet près de la porte d'entrée !

G) Oh non ! Le pantalon est tout décoloré ! J'ai dû me tromper de température de lavage.

H) Attention ! Ton pull est tombé par terre ! Tu as failli marcher dessus.

I) Le curseur de ma souris est bloqué ! Il ne bouge plus. Il faut redémarrer l'ordi ou changer les piles.

Partie 2

071

A) Cette flûte à champagne était cassée quand je suis rentrée à la maison. Alors que Sophie l'essuyait, elle lui a échappé des mains et s'est brisée en mille morceaux.

B) Le jouet d'Hugo était déjà fendu quand je l'ai sorti de la boîte. Je l'ai donc rapporté au magasin. On me l'a échangé.

C) Mes vieux étaient déjà rentrés quand je suis arrivée à la maison. Il faut dire que j'ai fini plus tard que d'habitude.

D) Le bébé était déjà né quand son père est arrivé à la maternité. Il n'a pas pu assister à la naissance car il a été retardé par des embouteillages monstres aux portes de Paris.

E) Ma mère était bien fatiguée après son footing. Alors, on l'a laissé se reposer.

F) Dimanche midi, le four était éteint avant que le plat ne soit cuit ! Bernard a essayé de le remettre en marche. Mais il n'a pas voulu et il est tombé en panne. Le réparateur doit venir dans trois jours.

G) Luc s'est trompé dans les réglages de cuisson car le roast-beef n'était pas assez cuit. Je l'ai donc remis à cuire une vingtaine de minutes. Il n'est pas très doué.

H) Les fleurs n'étaient pas encore fanées quand Marie-Anne les a jetées. Il faut dire qu'avec son allergie, elle ne les supporte pas.

I) Ils n'ont rien pu faire. Il était trop tard. La victime était déjà morte quand les secours sont arrivés sur place.

J) La télévision était encore allumée quand Jacques s'est levé en premier ce matin ! Papy a dû oublier encore une fois de l'éteindre quand il est allé se coucher.

EXERCICE 3

072

A) ● Maman, elle ne cesse pas de m'embêter ! Elle me casse vraiment les pieds.

○ Sois patient, ta sœur est encore petite.

B) ● Le bébé s'est mis à pleurer tout à coup. Ça doit être l'heure de son biberon.

○ Il faut qu'il attende un peu, sa mère s'occupe de son frère jumeau.

C) L'avion est sur le point de décoller. Il attend probablement l'autorisation de la tour de contrôle. Oh ! Regarde. Il y a un autre appareil qui se pose sur la piste voisine.

D) ● J'ai enfin terminé de ranger ma chambre ! Ça fait beaucoup plus propre maintenant. C'est bien, hein !

○ Oui, mais mon Juju, il ne suffit pas de tout cacher en vrac dans ton placard et tes tiroirs.

E) Je me mets au régime demain ! Je dois absolument arrêter de grignoter entre les repas.

F) J'étais près de sortir ! Et la voisine a sonné à la porte. Elle m'a tenu la grappe pendant un bon quart d'heure. Impossible de m'en défaire.

G) Un instant, je suis en train d'écrire un message. C'est ta mère. Je dois absolument répondre à son mail tout de suite. Tu sais bien qu'elle ne sait pas attendre.

H) Cyrcée a fini de manger sa pâtée. Non mais... Regarde, elle vient quémander en plus. Quel goinfre, cette chienne !

I) Je n'arrête pas d'éternuer ! Et ça coule sans cesse. C'est énervant à la fin. Je vais prendre mon antihistaminique tout de suite.

J) Tu as cessé de fumer ? Je ne le savais pas. Tu le supportes bien ? Ce n'est pas trop dur ?

K) Il a commencé à neiger à gros flocons. J'espère que ça ne va pas durer trop longtemps, sinon les transports en commun seront perturbés et j'arriverai encore en retard au travail. J'aime la neige, mais tout de même...

L) Attends. J'achève la dernière page du chapitre et je suis à toi ! ... Oui, tu voulais ?

M) Zut, alors ! Il continue de pleuvoir à verse. Avec ces trombes d'eau, je me demande bien quand on va pouvoir rentrer au village. Le chemin a dû se transformer en petits torrents par endroits.

EXERCICE 4

073

Voilà comment ça s'est passé. Il était 18h55 environ. Le magasin était encore ouvert et plutôt bondé. Notre vendeuse, Mireille, était en train de servir les derniers clients tandis que d'autres continuaient de regarder tranquillement les vitrines de bijoux qui étaient entreposés ici et là. L'horloge était sur le point de sonner les 19 heures et le gardien avait presque fini de sortir la plupart des clients quand des hommes armés et cagoulés ont pénétré dans le magasin ! Les malfrats se sont mis à tirer des coups de feu en l'air alors qu'un malfaiteur avait neutralisé le gardien à côté du sas. Malgré sa ceinture noire,

Michel n'a pas fait le poids contre ce colosse de près de 2 m. Les quelques personnes qui n'avaient pas terminé de payer à la caisse ne cessaient pas de crier et de paniquer. Leur chef a fait arrêter les coups de feux et ordonné aux clients de garder leur calme et de coopérer. Une adolescente s'est mise à pleurer quand même. Elle était choquée visiblement. Deux individus ont brisé ensuite la vitrine centrale au pied-de-biche et ils ont pris les parures de pierres précieuses et des perles qui y étaient posées. Quand ils ont eu achevé leur besogne, les bandits sont repartis aussitôt. Il n'y a eu aucun blessé heureusement : plus de peur que de mal.

EXERCICE 5

074

Partie 1

1) Faites silence les enfants. Taisez-vous, s'il vous plaît. Fermez vos cahiers et sortez une feuille. Dictée !
2) Descendez cette rue en pente et prenez la première à gauche. Faites attention au stop.
3) Mais, si, Mamy, souviens-toi. Allons !
4) Mes chers fans, je vous aime ! Alors, venez à mes prochains concerts ! Et suivez ma page Facebook !
5) Sortez vos stylos et recopiez ce texte. Concentrez-vous. Soyez calme... Très bien, Isabelle.
6) Coupe les courgettes, passe-les à l'eau, essore-les et fais-les revenir dans du beurre.
7) Tu es mon fils. Tu me dois le respect. Alors, prends garde à ce que tu vas dire !
8) Passez un beau séjour en Catalogne. Profitez-en bien !
9) Choisis ! Range tout de suite tes affaires, ou on ne sort plus ! On n'ira pas au cinéma.
10) Revenez-nous en forme de votre cure thermale, Mme Ballion. Soignez-vous bien, hein. Relaxez-vous bien.
11) Ne cours pas ici, c'est interdit. Reste tranquille, tu veux. Ne bouge pas comme ça. Et ne chantonne pas, non plus. C'est un lieu de prière ici, voyons. Là, tu m'exaspères.
12) Prête-moi ton cahier s'il te plaît. J'aimerais recopier tes réponses. ... Non ? ... Allez ! Sois sympa, Véro... S'te plaît, Véro. Comprends-moi. T'es la plus

forte de la classe.

13) Réveille-toi illico, Arnaud, tu vas être en retard à l'école ! Sors de ton lit. Grouille-toi maintenant.

14) Ne regarde pas la télé maintenant. Faisons le ménage ensemble. Ensemble, j'ai dit. Tu sais bien que ma mère vient ce soir.

075 Partie 2

1) Si tu veux être sûr d'avoir une bonne place, arrive tôt ou bien réserve-la à l'avance sur internet.

2) Regardez bien les consignes du problème et essayez de le résoudre. Attention, il y a un piège. Alors, analysez les données attentivement. Vous avez 15 minutes ! Bien sûr, appelez-moi si vous avez terminé avant.

3) Arrête-toi, Papy ! Fais attention ! Ne passe pas ici ! Tu vois, il y a un trou là et tu pourrais tomber.

4) Ayez fini de taper ce rapport d'ici ce soir 18 heures, mademoiselle Tournon, ou vous êtes virée ! Concentrez-vous, faites votre boulot et soyez descendue à 18 heures dans mon bureau avec le rapport imprimé sinon... Et ne venez pas en retard !

5) Couchez-vous sur-le-champ, les enfants, il est tard et vous avez école demain. Allez ! On ne veille pas. Arrêtez de faire les zouaves ou je vais sévir. ... Nicolas. Nicolas. Dis, tu m'écoutes un peu ? Mais, écoute-moi enfin !

6) Finissons le courrier maintenant, et on sera tranquilles le reste de la journée.

7) Soyez levés avant 8 heures sans faute demain matin. On prend le bus à 9 heures.

8) Conduisez-la en salle de soin pour la garder en observation. Mettez-la sous perfusion immédiatement. Et puis, ayez analysé cet échantillon de sang aussitôt que possible. Il nous faut les résultats au plus vite.

9) Sois plus cool, si tu veux qu'elle s'intéresse à toi. Tu stresses trop. Et puis, change de style, tu fais trop vieux.

10) Tu peux regarder un peu la télé, mais sois couché avant 9h30 dernier délai !

11) Ayez rangé vos bureaux d'ici une heure, sinon je vous punis, les enfants !

12) Aie mangé ton repas avant de partir ! Tu ne peux pas y aller à jeûn, voyons ! Allez, force-toi un peu. Ne stresse pas autant, ça ne sert à rien de

te rendre malade pour ça. Ce n'est rien du tout, un contrôle de maths. Tu l'as bien préparé en plus.

13) Ayez fini vos démarches administratives aujourd'hui car c'est le dernier jour pour vous inscrire en première année. Préparez tous les documents et soyez revenus tout à l'heure, à une heure, car il y aura probablement du monde. Et surtout, n'oubliez pas d'amener deux photos d'identité récentes et votre carte bancaire.

14) Achète-toi une petite valise ! Choisis-toi un bon hôtel ! Réserve tes billets d'avion ! Et pars. Pars. Prends l'air un peu. Change-toi les idées, bon sang ! Pense plus à lui. Il n'en vaut pas la peine.

EXERCICE 6

076

● Les enfants, vous êtes prêts à partir ? Ça va être l'heure du bus scolaire ! Vous allez le rater si vous continuez à traîner comme ça.

▲ Non, papa, je suis en train de préparer mon cartable.

● Quoi, tes affaires ne sont pas encore préparées, Antoine ?

▲ Behn non, je me dépêche. Je viens juste de mettre ma trousse et ma calculatrice dedans aussi. Voilà, j'ai fini. Tout y est, je crois. Oups ! J'ai failli oublier mon cahier de maths et mon carnet de correspondance*.

● Oh non, mais regarde-toi ! Ta chemise est mal boutonnée : tu as encore attaché Pierre avec Paul. Et puis, rentre-la correctement dans ton pantalon. On dirait un paysan ! Oh ! Et là, qu'est-ce que je vois ? Tu as fait un trou dans ton jean ? Je vais me mettre vraiment en colère, Antoine. Tu ne vas pas aller à l'école comme ça, quand même !

▲ Mais, papa, les jeans troués, c'est à la mode.

● On aura tout vu ! Je commence à devenir chèvre avec vous deux. … Dis-moi, Adèle, la partie avant de ta semelle qui se décolle, c'est à la mode aussi ?

○ Ah non, ça, c'est un accident !

● Ah bon ? Mais comment tu as fait ça ? Elles sont toutes neuves tes chaussures ! On vient juste de les acheter le week-end dernier. C'est malin. Mais quel gâchis !

○ C'est hier. Avec les copains, on faisait de l'escalade et j'étais sur le point de descendre d'un rocher quand je me suis mise à glisser et mon pied s'est coincé dans un trou. J'ai forcé, et ça s'est défait !

- ● Rien que ça.
- ○ Et puis, en rentrant, j'ai mis de la colle et du scotch mais ça tient pas.
- ● Quoi, quoi, quoi ?
- ○ Excuse-moi, Papa. D'autres morceaux on même commencé à se détacher. Je suis désolée.
- ● Désolée, désolée... Ça ne se répare pas comme ça, voyons. On ne va pas se mettre la rate au court-bouillon ! Il faut le porter au cordonnier, un point c'est tout. Ah ! Là ! Là ! Encore des dépenses supplémentaires à cause de vos bêtises. Franchement les enfants, vous exagérez. (*Pause*) On dirait bien que je n'ai pas fini d'en voir de toutes les couleurs avec vous deux. Bon, il faut à tout prix que je garde mon sang-froid dans tout ça. Le bus doit vous attendre maintenant. Allez ! Ouste ! Filez ! On en reparlera ce soir à tête reposée.

＊correspondance は，若年層ではよく収録音声のように間違えて発音する。

第7章

EXERCICE 1

078

A）C'est agaçant qu'elle parte sans moi.

B）Il se peut qu'elle mente.

C）Je vais préparer le repas en attendant que tu reviennes.

D）Le professeur voudrait qu'on ait fini la dissertation avant samedi.

E）C'est bien que tu lui écrives.

F）J'aimerais trouver une secrétaire sur qui je puisse compter.

G）Ma mère aimerait que tu ailles la voir.

H）Je suis désolé qu'elle ne soit pas là.

I）Je t'enverrai le colis demain de sorte que tu le reçoives samedi matin.

J）Papa voudrait qu'on l'aide à trouver un cadeau pour maman.

K）Bien qu'il pleuve, le chat n'est pas revenu à la maison.

L）Il faudrait que la police vienne au plus vite.

M）Faisons en sorte que ce produit soit terminé d'ici demain soir !

N）Le proviseur a demandé que les élèves fassent silence.

O）Avant que nous ne partions en vacances, il faudrait faire une réservation d'hôtels tout de même.

P）Je suis si heureuse que tu aies réussi ton diplôme !

Q）Il est vraiment dommage que vous vous soyez séparés ainsi.

R) Il est nécessaire que vous vous reposiez, que vous repreniez des forces et que vous dormiez plus longtemps.

S) Ça m'est égal qu'elles interviennent sur ce dossier. Qu'elles le fassent après tout.

T) Ce professeur est sévère. Il exige que ses élèves obtiennent tous une mention au bac.

EXERCICE 2

079

A) Je resterai ici jusqu'à ce qu'elle revienne.

B) Pourvu qu'il ne lui arrive pas malheur !

C) Je préfère la contacter avant qu'elle ne s'inquiète.

D) À moins qu'il fasse mauvais, je ne resterai pas ici.

E) À supposer qu'il ne sache rien sur Jeanne d'Arc, je lui dirais de lire ce livre.

F) Il reste mon ami bien qu'il soit grossier et mal élevé.

G) Quoi que tu dises, quoi que tu penses, je m'en moque.

H) Ne lui dites surtout rien, de peur qu'il ne se fâche.

I) Parlez bien dans le micro pour qu'on puisse tous vous entendre.

J) Je t'attendrai à condition que tu n'arrives pas trop en retard.

K) Sans qu'il puisse faire vraiment autrement, il se tue au travail pour nourrir sa famille.

L) Ils comprendront bien la leçon, pour peu qu'ils écoutent la maîtresse.

M) En admettant que vous n'y arriviez pas du premier coup, recommencerez-vous ?

N) Monsieur le Président, si tant est que cela soit vrai, avez-vous caché de l'argent en Suisse ?

O) Mes parents m'interdisent de sortir, de crainte que cela ne nuise à mes études.

P) Le prévenu restera finalement en prison, malgré que le juge ait convenu d'une relaxe.

Q) Afin que ses Ministres lui obéissent, le Président se montre intransigeant.

R) Je suis sûr qu'il n'a rien avoué encore qu'il sache beaucoup de choses.

S) Le Gouvernement s'apprête à lancer des réformes sans qu'il sache réellement où il va.

EXERCICE 3

080

A) Il n'est pas question que je fasse ce boulot ! Je regrette qu'on me l'ait même proposé.

B) J'aimerais que tu me dises les faits tout simplement. Dis-moi tout. Ne me cache aucun détail.

C) Ce professeur a interdit que les élèves sortent dans la rue pour manifester. Il faut qu'ils le comprennent et qu'ils l'acceptent.

D) Peu m'importe qu'il vienne ou non ! Mais je refuse qu'il entre dans ma chambre. C'est interdit qu'il en franchisse le seuil. Je préfère que nous ne nous rencontrions pas. Je resterai donc sans les voir.

E) J'ai peur que ce ne soit une erreur de l'administration mais je doute qu'on te croie. Je crains que j'aie des agios à payer.

F) Ambre, nous déplorons, ton père et moi, que tes résultats soient si médiocres. Nous tenons à ce qu'ils s'améliorent. Il faut à tout prix que tu fasse des efforts.

G) Le Roi de France souhaite que la paix revienne et ordonne que son armée cesse immédiatement les combats.

H) J'approuve que nous soyons invités à ce repas de famille. Mais je m'étonne que ton frère soit là aussi, lui aussi. J'attends qu'il se tienne correctement car, pour être honnête, je crains qu'il se mette encore à boire de trop et fasse encore des bêtises.

I) Vous permettez que je prenne la parole ? Quoi ? Non ? J'exige que vous me la donniez ! … Un peu de respect, monsieur. Faites attention à ce que vos propos restent corrects. Prenez garde à tout ce que vous dites !

J) Marie attend que nous allions la chercher chez elle. Elle veut que nous finissions vite de nous préparer car elle a envie que nous soyons là rapidement. Elle a peur que sa glace fonde.

EXERCICE 4

081

Dialogue 1

- ● J'ai fait une erreur. Il faut que tu m'aides à faire les comptes.
- ○ Tu as tout vérifié ?
- ● Oui, mais bien que j'aie tout recompté, les chiffres ne collent pas.
- ○ À moins que je ne recommence moi-même, je ne vois pas comment vérifier autrement.

● Pourvu que je m'en sorte ! Les impôts tiennent à ce qu'on les paye en ligne avant ce soir minuit.

Dialogue 2
082

● Bonjour Francine. Vous permettez que nous entrions ?

○ Oui, je vous en prie. Nous avons 5 candidats à auditionner dont trois femmes.

● Où peut-on s'asseoir ?

○ Je préférerais que vous vous asseyiez sur ces chaises-là, s'il vous plaît. D'autres membres du comité de sélection vont venir. À sept, je crains qu'il n'y ait pas assez de place pour tous dans ce bureau. Je m'étonne même que nous soyons si nombreux pour cet entretien. Qui vous a dit d'y participer, vous trois ? Retournez à vos postes !

Dialogue 3
083

● Maman, je regrette que les cousins soient repartis si vite. Je me serais réjoui qu'ils restent davantage pour jouer avec nous.

○ Oui, les enfants, c'est dommage qu'ils aient dû nous quitter ce matin.

● On aurait dû leur proposer de rester plus longtemps avant qu'ils ne retournent si loin chez eux à Genève. Ce n'est pas tous les jours qu'on les voit. J'aimerais qu'ils reviennent tout de suite.

□ Moi, ze* veux qu'ils habitent avec moi.

○ Voyons. Louise, Luc, c'était prévu comme ça dès le départ. Que les vacances soient trop courtes, ou que les gens aient des obligations scolaires ou professionnelles, c'est comme ça ! On ne peut rien y faire. Leurs parents doivent reprendre dans 2 jours.

□ Moi, ze suis pas content.

● Oh, maman, regarde. Ils ont oublié deux poupées !

○ Quelles têtes de linottes ! On va les leur envoyer par la poste.

＊ zozoter : je [ʒə] を ze [zə] と発音するような不全の発音をすること

EXERCICE 5

Dialogue 1
084

Je me rendrais bien à Lyon ce week-end. On prendrait le TGV. On ferait l'aller-retour dans la journée. Il ne nous faudrait que 4 heures de trajet en tout. Ainsi, on aurait suffisamment de temps dans la ville. On visiterait Saint-Jean. Cela te conviendrait-il ou voudrais-tu faire autre chose ?

085 **Dialogue 2**

● Que feriez-vous si vous étiez riche ?

○ Si j'étais milliardaire, je m'achèterais tout ce que je veux sans compter. Je me marierais avec une très belle femme et nous serions très heureux. Nous voyagerions partout à bord de notre jet privé. Nous pourrions ainsi découvrir de nombreux pays et nous connaîtrions ainsi des cultures différentes. Je saurais bien en profiter, c'est sûr, mais j'aimerais aussi faire don d'une partie de ma fortune à une ONG. Bon, avant tout, je devrais peut-être jouer au moins une fois au loto pour concrétiser tout ça.

086 **Dialogue 3**

● Je lui enverrais par mail une lettre d'amour et lui demanderais si elle m'aime ou non. Elle la recevrait et m'enverrait peut-être une réponse. Que me dirait-elle donc ? Que me répondrait-elle ? Ah, je n'ose l'imaginer. J'en mourrais si c'était non.

○ Moi, si j'étais toi, je n'attendrais pas sa réponse. Je courrais jusqu'à elle. J'irais devant chez elle. Je prendrais ma guitare et lui chanterais quelque chose au pied de son immeuble. Alors, elle m'entendrait, me regarderait depuis sa fenêtre. Elle descendrait, et viendrait me donner un baiser. Nous serions alors le couple le plus heureux de la Terre.

● Tu aurais surtout un bon seau d'eau sur la tête. Les voisins n'apprécieraient vraiment pas, je pense. Sûr qu'ils préféreraient autre chose que ta sérénade.

EXERCICE 6

087 **Dialogue 1**

● Maman, j'hésite entre entrer en mathématiques ou en économie. Si tu étais à ma place, qu'est-ce que tu ferais ?

○ Je ne suis pas toi ! Et je n'ai pas fait de bac scientifique. Même si j'avais fait ça au lycée, je ne serais pas capable de te conseiller. C'est à toi de choisir ta voie maintenant !

● Tu pourrais quand même m'aider, non ?

○ Désolée. Tu dois juste prendre cette décision toi-même.

088 **Dialogue 2**

● Si je n'étais pas né français, je pense que j'aurais aimé naître anglais.

○ Ah bon, pourquoi ? Qu'est-ce que cela changerait à ta vie ?

● Eh bien, je ne vivrais pas à Paris. J'habiterais sûrement à Londres et je serais un homme d'affaires fortuné au look de Sherlock Holmes !

○ Quelle drôle d'idée ! Et quoi d'autre ?

● Huhmm.... Je parlerais anglais couramment, c'est certain ! C'est un gros avantage dans la vie actuelle. Et puis je boirais du thé plutôt que du café. C'est meilleur pour la santé, dit-on. Je prendrais tous les jours du bacon avec des œufs et des haricots blancs au petit déjeuner. Je saluerais la reine tous les matins en passant devant le palais de Buckingham ! ...

○ C'est pas mal, mais tu ne regretterais pas de ne pas être français dans cette autre vie ?

● Je n'en sais rien. Peut-être que si. C'est vrai qu'on ne se connaîtrait sans doute pas dans cette autre vie-là !

089 **Dialogue 3**

● Le gamin des voisins est à l'hôpital. Il serait tombé de cheval !

○ Oh, le pauvre. Il est gravement blessé ?

● Il aurait une jambe cassée et une luxation du poignet. Il aurait atterri dans un petit bosquet. Cela aurait amorti sa chute, d'après ce que m'a dit sa mère.

○ Dans son malheur, il a eu de la chance. Il aurait pu se fracasser la nuque ou bien le crâne !

● C'est vrai. Vous avez raison.

○ Mais comment a-t-il fait pour tomber de cheval ?

● D'après les on-dit, le cheval aurait paniqué et se serait emballé. Il aurait manqué un fossé et aurait heurté la barrière qui était juste derrière ce fossé. Le cheval n'aurait rien, juste quelques égratignures.

○ Tant mieux. Et la barrière ?

● Je ne sais pas. Je n'y étais pas. Mais elle serait complètement défoncée.

○ J'espère que le pauvre gamin sortira vite de l'hôpital.

● Cela ira sûrement. Son père m'a dit qu'il sortirait normalement dans une semaine.

第 8 章

EXERCICE 1

092 **Dialogue 1**

● Fais pas ci, fais pas ça ! Mes parents n'ont que ces mots à la bouche !

○ Il faut toujours qu'ils nous disent de ne pas faire ci et ça... C'est décourageant !

● Je te comprends. Les miens sont pareils !

093 Dialogue 2

● Julie, apporte-moi la perceuse, s'il te plaît.

○ Vas la chercher toi-même. Je ne suis pas ta bonne !

● Tu n'es pas très serviable, dis donc. Je te prie de bien vouloir me l'apporter, s'il te plaît.

094 Dialogue 3

● Prenez garde au chien ! Il est méchant.

○ Oui, faisons attention. Il ne faudrait pas qu'il nous morde.

● Ne vous approchez pas de la grille ! Je vous conseille de bien rester à l'écart !

095 Dialogue 4

● Veuillez patienter, s'il vous plaît.

○ Combien de temps faut-il patienter ?

● Je vous demande de bien vouloir patienter quelques minutes encore, jusqu'à votre tour, messieurs dames. Asseyez-vous dans la salle d'attente, si vous voulez bien.

096 Dialogue 5

● Le directeur nous a ordonné de terminer ce travail d'ici samedi.

○ Il va falloir nous dépêcher. Le temps presse. Il nous a conseillé de ne pas perdre notre temps. Il a recommandé d'élaborer une nouvelle stratégie au plus vite et de lui en rendre compte samedi.

097 Dialogue 6

● Les enfants, soyez sages ! Je vous ai déjà dit plusieurs fois de ne pas chahuter.

○ Mais maman, on ne chahute pas, on s'amuse.

● Et moi je vous dis que vous chahutez. Je vous conseille d'arrêter vite, sinon, ça va mal finir !

098 Dialogue 7

● Le nouveau directeur a exigé de nous de ne plus utiliser la messagerie privée sur le lieu de travail.

○ Ce n'est pas croyable. Comment on va faire ?

● Rien. On ne peut rien faire. Je te recommande de faire attention si tu passes outre le nouveau réglement.

Dialogue 8
099

- ● Police ! Haut les mains ! Nous vous sommons de lâcher vos armes !
- ○ Causez toujours, les poulets ! Ça ne nous impressionne pas !
- ● Vous avez deux minutes pour déposer vos armes et sortir les mains levées ! Nous vous ordonnons de vous rendre sans condition ! Si vous obtempérez, aucun mal ne vous sera fait.

Dialogue 9
100

- ● Otez votre chemise, monsieur. Je vais vous ausculter.
- ○ Un instant. Voilà.
- ● Bien, je vais vous demander de vous mettre sur le côté. Oui, comme ça. Et maintenant, redressez-vous. Bien.
- ○ C'est grave, docteur ? Qu'est-ce que j'ai ?
- ● Je vous conseille d'éviter les fauteuils mous. Choisissez autant que possible des fauteuils qui soutiennent le corps car vos vertèbres en prennent un coup. Et je vous recommande de faire du sport. Vous n'avez pas besoin de médicaments. Déstressez-vous aussi !

EXERCICE 2
101

A) Je ne sais pas si j'irai là-bas demain.

B) Il est indiscutable qu'elle viendra. C'est indéniable.

C) Il se peut qu'elle guérisse rapidement.

D) Croyez-vous que les cours aient lieu malgré le typhon ?

E) Tu es sûr qu'il est déjà parti ? Moi, je ne suis pas sûr qu'il le soit.

F) Je doute que nous allions à Paris cet été. Il est quasi certain que nous resterons ici.

G) Il est évident que l'économie française va mal. Je pressens même qu'elle empirera l'an prochain.

H) Il est plus que probable que son père sait la vérité, mais je ne saurais dire pourquoi, à mon avis, non. Il est peu probable qu'il l'ait sue et qu'il la sache même un jour.

I) Elles sont certaines que c'est lui le coupable ! Moi, je ne suis pas certain que ce soit lui.

J) Je ne pense pas qu'il faille faire comme ceci. Je pense qu'il faut faire plutôt comme cela.

K) Il te semble qu'il a maigri ? Moi, il ne me semble pas qu'il ait maigri.

L) Peut-être qu'il ment.

M) Pensez-vous qu'il soit parti ?

N) Il se pourrait qu'il ait réussi son test de jeudi et qu'il réussisse aussi celui de lundi prochain.

O) Il est incontestable que le Président n'a pas de programme précis. Je suppute même qu'il va nous berner encore avec de belles paroles.

P) Tu supposes qu'il est coupable ? Supposons qu'il soit innocent !

EXERCICE 3

102 **Dialogue 1**

- Martine, où en est-on avec l'annonce pour le poste de la nouvelle secrétaire ? Je ne crois pas qu'elle soit déjà mise en ligne sur notre site, n'est-ce pas ?
- ○ Non, en effet. Il se peut que la version définitive nous parvienne avant ce soir, mais je ne suis pas sûre que la DRI nous l'envoie aussi vite. Faut-il que j'aille la leur demander maintenant ?
- Non, pas la peine. Vous savez, je voudrais une annonce qui nous permette vraiment d'engager une personne qualifiée et fiable. Remontrez-la-moi, Martine.
- ○ Tenez, monsieur Gérard.
- Oh ! Regardez là, là et là, trois fautes d'orthographes déjà ! Corrigez-moi ça tout de suite et prévenez la DRI sur le champ.
- ○ Oui, monsieur. Veuillez m'excuser !
- Je crois que ce sont les seules fautes que j'aie vues. Je suppose qu'il n'y a personne qui soit capable de m'expliquer comment ces erreurs ont pu se glisser là… Bon. Passons ! Alors, relisons-la encore une fois, ça vaudra mieux : « *L'entreprise Pluriculture recherche une secrétaire rigoureuse, dynamique et organisée, dotée d'un bon sens relationnel, qui sache parler anglais, français et espagnol, qui connaisse le marché des produits culturels locaux en Amérique du Sud et dans les Caraïbes. Nous désirons une personne qui ait un certain talent de diplomatie économique et qui puisse se déplacer à l'étranger à tout moment de l'année. Une bonne connaissance des logiciels Word, Excel et Powerpoint et des outils internet est indispensable pour ce poste. Critères candidat : Niveau d'études minimum requis Bac +3. Niveau d'expérience : jeune diplômée.* » Ok,

je crois que c'est bon. Le mieux que nous puissions faire maintenant est d'espérer que nous allons trouver la perle rare. Sinon, nous ferons appel à notre chasseur de têtes.

103 Dialogue 2

● Marie, c'est la meilleure personne dont je puisse te parler. Elle est la plus belle fille que j'aie jamais vue. C'est l'être le plus merveilleux que Dieu ait créé sur Terre. Et pourtant, voilà qu'elle me quitte ! Et moi, je l'aime encore. Crois-tu que je doive penser à trouver l'âme sœur maintenant qu'elle et moi c'est fini ?

○ Oui. Allez ! Oublie-la ! Ressaisis-toi, mon vieux !

● C'est la seule qui m'ait compris pleinement... Ah ! Comment je vais faire ?

○ Allons, allons. N'y pense plus ! T'en trouveras une autre !

● Je t'assure. Il n'y a rien qui puisse la remplacer. Pourrais-tu m'indiquer au moins un moyen qui me fasse oublier ma Marie ?

○ Cherche donc une fille qui te plaise et qui veuille bien de toi ! Sors et fais-toi de nouveaux amis en qui tu puisses avoir confiance ! Aère-toi la tête !

● Ouais.

○ Dis-moi, quel est ton type de femme ?

● Une femme qui se sente bien dans sa peau, qui prenne soin de sa forme et de son apparence, mais pas trop non plus. En fait, je ne voudrais pas une nana qui soit trop obsédée par les kilos en trop, par exemple. Quelqu'un d'ordinaire tout simplement, qui ait un beau sourire et qui sache m'étonner au quotidien, tu vois.

○ Hum, oui.

● Mais, avant tout, j'aimerais avoir une confidente qui me comprenne et qui m'écoute. Pourrais-tu me présenter une fille qui corresponde à mes critères car, moi, j'ai beau chercher depuis un bon mois, je n'ai trouvé personne qui me convienne vraiment. Connais-tu un endroit où je puisse trouver mon bonheur ?

○ Sortons ! On va boire un verre. Y a-t-il un endroit qui te fasse plaisir ? T'inquiète pas. Où qu'on aille, quoi que tu essaies, tu ne seras pas déçu. Laisse le passé derrière toi !

104 EXERCICE 4

● Je suis vraiment inquiet, Cécile. Les examens du bac blanc approchent, et je n'ai même pas pu finir les révisions dans une seule matière. Je ne crois pas que je sois prêt.

- ○ Je ne savais pas que tu t'en inquiétais autant. Martin, tu aurais dû m'en parler plus tôt.
- ● Je t'assure. J'ai bien peur que mes résultats soient des plus médiocres.
- ○ Allons, allons ! Je ne le crois pas. Moi, j'ai confiance en toi. Positive ! Tu les réussiras certainement.
- ● Argh ! J'ai vraiment peu de chances d'y arriver cette fois-ci. C'est sûr, c'est râpé d'avance ! Et mes parents qui veulent que je réussisse à tout prix. Ils désirent même que j'obtienne une mention. T'as vu la pression qu'ils me mettent !
- ○ Aie un peu confiance en toi ! En tout cas, il ne faudrait pas perdre ton temps comme tu le fais avec tes jeux vidéos. Tu peux t'amuser, bien sûr, mais tu devrais aussi être plus raisonnable, tu sais.
- ● Je savais que tu me dirais ça. Et qu'est-ce que je devrais faire alors ?
- ○ Je pourrais t'aider, par exemple, si tu n'es pas capable de réviser tout seul ?
- ● Tu voudrais bien ? Ça serait archisympa de ta part.
- ○ Oui oui. C'est pas le Pérou ! En tout cas, il vaudrait mieux faire des séances de *brain storming* régulières sur nos cours tous les week-ends. Il ne reste que trois bonnes semaines, mais ça ira sûrement.
- ● Oh mince, je ne peux pas le dimanche. J'ai l'entraînement de foot l'après-midi ! Je dois m'entraîner car il faut que je sois prêt pour la compétition.
- ○ Tu ne vas pas commencer à trouver des excuses ! Ton foot, tu pourrais le faire le matin au moins ! Il t'est nécessaire de trouver du temps. C'est indispensable pour ta réussite. Sinon, tu n'y arriveras jamais.
- ● C'est vrai, tu as raison. C'est d'accord pour dimanche ! Disons, à partir de 13h30 à la maison, ça te va ?
- ○ Ok. Il se peut que je sois un peu en retard à cause du bus. 10 min maximum.

EXERCICE 5

105 **Dialogue 1**

Je voudrais avoir un renseignement. Pourriez-vous me dire où est la gare Montparnasse, s'il vous plaît ? J'aimerais prendre le TGV de 16h01. Non ? Connaîtriez-vous quelqu'un qui pourrait m'aider ?

106 **Dialogue 2**

Vous devriez améliorer votre français. Il faudrait que vous étudiiez une heure par jour. Vous auriez ainsi plus de facilités et seriez ainsi un peu plus confiant en vous-même. Vous sauriez ainsi mieux répondre... Vous feriez mieux de m'écouter si vous voulez réussir votre oral !

107 **Texte**

Monsieur le chef de service,

Cher Jacques,

Je me permets de vous écrire car j'aimerais vous faire part de mon fort mécontentement.

Je vous le redis au cas où vous ne m'auriez pas comprise. Jacques, vous avez beau être mon supérieur, vous n'auriez pas dû venir à l'improviste. Si vous ne m'aviez pas perturbée avec la préparation de votre fameuse réunion, j'aurais déjà fini mon travail. Et les collègues et moi nous aurions pu partir à l'heure probablement. Imaginez, le patron ne nous aurait pas téléphoné entre-temps, tout logiquement, on aurait quitté le boulot normalement. Et nous ne serions pas restés deux heures de plus à rattraper notre retard. Si je n'avais pas été retenue au boulot, j'aurais pris mon RER à l'heure et mon mari n'aurait pas eu à accompagner les enfants à leur tennis à ma place. J'aimerais donc que vous pensiez moins à vous et que vous preniez plus en considération l'équipe avec laquelle vous travaillez.

Veuillez agréer mes salutions distinguées,

Anne

108 **EXERCICE 6**

● Mme Lagrange, vous savez ce qui s'est passé ce matin ? J'ai vu la police descendre chez M. Martin ! Et il m'a bien semblé qu'ils l'ont emmené avec des menottes !

○ Je n'en sais rien. Étonnant. Je n'imagine pas qu'il puisse avoir des problèmes M. Martin. C'est impossible. Tout bonnement, impensable même.

● Mais vous êtes notre concierge. Et une concierge, cela devrait tout savoir !

○ Oh vous ! Quand bien même je le saurais, je ne pourrais rien en dire du tout : secret professionnel, Mme Ducoin. Je tiens ma langue, moi. Vous me connaissez.

● ... Qu'est-ce que M. Martin a bien pu faire pour être ainsi embarqué ? Je suppose qu'il a fait quelque chose d'illégal. C'est louche tout ça. Peut-être qu'il se drogue ?

○ Vous allez trop loin, là. Je ne pense pas qu'il soit dépendant à quoi que ce soit, excepté sa télévision et son foot. Ce sont les deux seules choses qui l'intéressent dans la vie. Vous êtes sûre qu'il était menotté ?

● Je suis certaine que oui. Je l'ai vu de mes yeux vus. Mme Bouc m'a dit qu'elle a cru entendre des cris chez lui toute la nuit ! Il serait donc coupable de quelque chose.

○ Ce sont sans doute des cris de douleur. Il a peut-être glissé ou s'est cogné dans un meuble. Ou bien il aurait perdu l'équilibre comme ma tante Hortense l'an dernier qui... À moins qu'il se soit peut-être tapé sur les doigts avec un marteau. Moi, hier soir, j'ai entendu des coups dans le mur de mon salon comme si quelqu'un se servait d'un marteau. Pensez-vous vraiment qu'il aurait fait du bricolage au beau milieu de la nuit ?

● Soyez logique. Croyez-vous qu'on dérange la police pour un doigt écrasé ?

○ Je ne pense pas que la police vienne pour si peu en effet. Oh, voilà quelqu'un !

□ Bonjour, mesdames. Rodolphe Duplessis, détective privé. Voici ma carte. J'enquête sur l'affaire Martin.

● Sauriez-vous ce qui lui serait arrivé ce matin ?

□ Hum. M. Martin se serait battu avec une connaissance, d'où le tapage nocturne d'hier soir.

● Oh, il y aurait donc une autre victime et M. Martin la connaîtrait bien. On dirait que ce serait une affaire de famille comme dans le dernier Columbo de vendredi, vous savez. Mais qui donc cela pourrait être, cette victime ?

□ Bien, j'en... j'en ai déjà trop dit. Au revoir, bonne journée, mesdames. Rentrez chez vous, s'il vous plaît.

第 9 章

EXERCICE 1

110 **Partie 1**

① Ta mobylette s'entend de loin. Quel bruit !

② Le concours se prépare plus d'un an à l'avance.

③ Ce *kanji* se lit de plusieurs façons.

④ Avec ses 634 m de haut, la Tokyo Sky Tree se voit de très loin.
⑤ L'allemand se parle aussi en Autriche.
⑥ Ce dessert se prépare en 5 heures.
⑦ Le « h » de hôtel ne se prononce pas.
⑧ Est-ce que ce sport nautique se pratique en équipe ?
⑨ Ce roman se vend très bien ces temps-ci.
⑩ L'anglais se parle sur tous les continents. Et, comme toutes les langues occidentales, il se lit de gauche à droite.
⑪ Ce livre d'Agatha Christie se lit facilement. Il s'appelle « *Mort sur le Nil* ».
⑫ Ce vin se sert très frais et se boit en apéritif de préférence.
⑬ Le bouquin se divise en 25 chapitres.

111 **Partie 2**

① Autrefois, ce voyage se faisait en diligence.
② Cette expression ne s'emploie plus mais celle-là se dit souvent.
③ Quatre pavillons se sont construits en un rien de temps.
④ L'exposition sur Toutânkhamon s'est ouverte il y a deux semaines.
⑤ Le verbe « manger » se conjugue avec un « e » à la première personne du pluriel.
⑥ Ces légumes se conservent très bien au frigo.
⑦ L'Impressionnisme est un mouvement pictural qui s'est développé dans la seconde moitié du XIXe siècle.
⑧ Le fil de l'histoire se perd dans de multiples détails.
⑨ En France, le fromage se sert avec une salade verte.
⑩ Cela ne se fait pas de mettre les coudes sur la table.
⑪ Ces marchandises se transportent par voie maritime.
⑫ Cette question ne doit même pas se poser.
⑬ Ah bon ? Ma phrase se comprend difficilement ?

EXERCICE 2

112 **Dialogue 1**

○ T'étais passé où ? Je te cherchais.
● Je suis allé chez le garagiste et j'ai demandé qu'on fasse la révision des freins.
○ Ah bon ? Tu as fait réparer tes freins ?
● Je le leur ai demandé. Je trouvais qu'ils avaient tendance à freiner de

moins en moins vite. Je suis rentré à pied et c'est pour ça que j'ai mis du temps à revenir. Ça va probablement me coûter bonbon, mais tant pis ! J'irai la rechercher après-demain dans la soirée.

113 **Dialogue 2**

○ Regarde ! Je me suis fait coupé les cheveux par la voisine à la manière d'Elvis Presley !

● Ah bon ? Mais pourquoi donc ? Tu en étais fan ?

○ Non, pas vraiment. Mais j'avais envie d'autre chose que les autres ne font surtout pas.

● Ah, pour ça, c'est clair que cela ne se fait plus beaucoup. Tu vas te faire remarquer.

114 **Dialogue 3**

○ J'aimerais bien faire refaire le papier peint de la chambre à coucher par mon mari, mais il dit qu'il ne sait pas le faire. On est toujours mieux servi par soi-même, mais bon.

● Tu as une photo des murs ? Fais-moi voir.

○ La voilà. Je ferais bien venir un professionnel...

● Je connais justement quelqu'un qui sait faire ce genre de travaux. Tiens, c'est son numéro. Appelle-le ! Il travaille très bien.

115 **Dialogue 4**

○ Les voisins vont faire construire une nouvelle maison. Décidément !

● Où ça ?

○ Dans un petit village à une cinquantaine de kilomètres de Fréjus dans l'arrière-pays.

● Et ils vont vendre leur appartement actuel ?

○ Je crois que non. Tu sais, ils sont riches comme Crésus. Ils vont probablement laisser ses parents à lui y habiter.

● C'est vrai que ceux-là, ils sont pétés de thunes.

116 **Dialogue 5**

○ Fais pas ta tête de cochon ! Laisse-moi te dire une chose, tu veux bien ?

● Ce n'est pas la peine. Je ne veux pas me disputer avec toi.

○ Mais si, tu vas me laisser parler une minute. Quel vieux ronchon ! Il faut crever l'abscès. Ça ne sert à rien de garder tout en toi et ressasser sans cesse. Tu te fais du mal pour rien, tu sais.

● Bon, entendu. Je t'écoute. Allez ! Vide ton sac !

EXERCICE 3

117 A) Je me suis fait racketter par deux gars dans le métro. Ils m'ont coincé et m'ont forcé à leur donner mon argent liquide et mon smartphone. Je me suis fait engueuler par mes parents, si tu savais !

118 B) Elle était partie le dimanche matin faire ses courses au marché. Mais un individu a profité d'un moment d'inattention de sa part lorsqu'elle attendait au feu rouge. Et la vieille dame s'est fait voler son sac à main. La pauvre, elle a eu très peur sur le coup.

119 C) Fais-moi voir ce que tu as acheté aux puces ! Mais, qu'est-ce que c'est que ce truc ? 500 euros pour ce machin, tu dis ? Mais ce n'est pas de l'ivoire. Regarde, c'est du toc. Tu t'es bien fait avoir, dis donc ! Tu devrais arrêter de chiner ainsi tes accessoires de décoration intérieure !

120 D) La soirée fut trop arrosée et dégénéra rapidement. En état d'ébriété, ils commencèrent à casser des verres et à renverser des tables. Du coup, ces trois jeunes se sont fait sortir de la discothèque à coups de pied dans le derrière ! Puis ils se sont fait embarquer par la police. C'est le propriétaire qui les a fait venir car la situation était devenue ingérable. Ils ne l'ont pas volée !

121 E) Mon père est chauffeur livreur. Ça lui arrive très rarement de se garer sur des passages piétons mais là, c'est la première fois pour lui. Il n'en est toujours pas revenu. C'est la première fois qu'il s'est fait verbaliser par les flics pour un stationnement gênant.

122 F) Autrefois, cette bijouterie se faisait braquer à l'heure de sa fermeture régulièrement. Maintenant, ils ont mis un sas ainsi qu'un vigile et les attaques se font bien moins fréquentes.

123 G) Les enfants se sont fait complètement tremper par la pluie. Je le leur avais bien dit. Mais, ils ne m'écoutent jamais et n'en font qu'à leur tête. Pas de K-way, pas de bottes, pas de parapluies. Tu te rends compte ! Quels andouilles !

124 H) On s'est fait prendre notre place ! Où on va se mettre maintenant ? T'aurais dû descendre pour la garder. Tant pis pour notre pomme. Oui, oui. Je sais ce que tu vas me dire : qui va à la chasse perd sa place.

125 I) Ce sportif s'est fait contrôler positif au dernier contrôle de dopage. Son entraîneur lui a fait faire des excuses publiques devant la presse, puis l'a limogé sans condition. Il s'est même fait retirer sa licence. Que c'est bête

de briser ainsi sa carrière !

126 J) ○ Je me suis fait mordre par le gros chien des voisins !
● Oh, ma pauvre petite. Il t'a mordu fort ?
○ Heureusement non. J'ai juste de légères empreintes de dents dans la main !
● Tu as eu de la chance. Plus de peur que de mal !

127 EXERCICE 4

Ⓐ Elle s'est fait agresser dans la rue hier soir mais personne n'a réagi.
Ⓑ La vieille dame s'est fait renverser par une voiture. Dieu merci elle n'a rien.
Ⓒ Ce médicament doit être pris à heure fixe pendant une semaine.
Ⓓ Ce vin doit être bu très frais de préférence.
Ⓔ L'arabe est lu et écrit de droite à gauche.
Ⓕ Les élèves de CE1 se sont fait punir par leur maîtresse.
Ⓖ Il s'est laissé entraîner par ces voyous.
Ⓗ Cette expression est utilisée de moins en moins.
Ⓘ Pierre s'est laissé séduire par le sourire charmant d'Isabelle.
Ⓙ Richard s'est fait vacciner contre la grippe. Et pourtant, il l'a eue. Pas de chance !
Ⓚ Elle s'est laissé insulter par sa rivale sans rien dire. Je l'admire : elle s'est fait injurier ouvertement et elle est restée de marbre !

EXERCICE 5

128 **Dialogue 1**

○ Chéri, tu veux bien te dépêcher, s'il te plaît ? Il se fait tard.
● Je sais, mais je viens de juste de finir de me raser.
○ Presse-toi un peu ! Je dois encore coiffer les filles.
● Moi aussi, je dois me coiffer !
○ Quoi, tu n'es pas encore prêt !
● Non, je me suis séché les cheveux, mais je ne suis pas encore coiffé.
○ Bon, je me préparerai vite fait alors.
● Oui, et moi, je vais aider les jumelles à préparer leurs cartables pour demain pendant ce temps. Sans moi, elles n'y arriveraient pas. Qu'est-ce qu'elles feraient sans moi !

○ Elles sont encore petites, tu sais. Elles viennent juste d'entrer en CP. Ne l'oublie pas.

Pause

○ Les enfants, vous êtes prêts ? Vous avez vos masques et vos gels hydroalcooliques ? Oui ? Protégeons-nous bien de ce satané virus. Ah ! Et emmenez vos gourdes, hein. Aujourd'hui aussi les températures vont atteindre les 34. ... Louise, tu veux bien sortir le sac poubelle de la cuisine et le mettre aux ordures avant qu'on parte ? Hier, c'est ta sœur qui les as descendues. Alors, c'est ton tour cette fois-ci.

▲ Oui, oui, tout de suite, je les sors mais je ne pourrai pas rentrer les poubelles. J'ai pas le temps. Je vais manquer mon bus !

○ Je sais bien, ma grande ! Ce n'est pas grave, je le ferai tout à l'heure. C'est déjà bien gentil de ta part.

● Dis, tu rentres à quelle heure aujourd'hui, Annie ?

○ Je suis de garde aux urgences jusqu'à 9 heures. Je serai rentrée vers 9h30. Pour ce soir, votre dîner vous attend dans le frigo. Vous le réchaufferez au micro-ondes, d'accord ?

● Compris. Je m'occuperai des filles avant ton retour. Oh ! Annie, tu pars sans chapeau ? Couvre-toi la tête, voyons. Il fait drôlement chaud dehors et tu n'as pas besoin d'attraper une insolation. (...) Allez ! À ce soir ! Bisous.

129 **Dialogue 2**

○ Alors racontez-moi ce qui s'est passé, Monsieur Lambert.

● Comme d'habitude, j'allais rentrer chez moi après avoir sorti les poubelles de l'immeuble. Il était 18h00-18h10. J'étais censé regarder *Questions pour un champion* avec ma femme, quand j'ai été agressé par un individu qui a commencé à s'en prendre à moi sans raison. Il m'insultait et me menaçait en me traitant de tous les noms d'oiseau.

○ Vous le connaissez ? Vous l'avez déjà rencontré auparavant ?

● Non pas du tout.

○ Que vous reprochait-il ?

● Je ne sais pas. C'était incohérent. Toujours est-il que son comportement commençait à m'inquiéter.

○ Vous avez fait quelque chose pour le provoquer ?

● Non. Rien. Il est arrivé comme ça à l'improviste dans mon dos. J'ai essayé de discuter avec lui mais, au lieu de ça, il s'est mis en colère encore plus, me disant de me taire et que je ne devais pas lui répondre. Il criait tellement qu'il a commencé à ameuter tout le quartier. Avec un voisin qui est venu me prêter main forte, nous avons tenté de le raisonner. Heureusement que M. Rocard du 4e était là d'ailleurs, c'est un costaud, vous savez. Il a fait de la boxe ou quelque chose de ce genre.

○ Et après ?

● Après ? Rocard lui a dit « *Mais, ne t'énerve pas comme ça ! On va discuter.* », si je me souviens bien. Mais ça l'a rendu encore plus furieux. Il a continué et est devenu vraiment agressif. À un moment, il a dévisagé Rocard, lui disant même qu'ils devaient se battre et que Rocard allait s'en prendre une. Et zou ! Le coup est parti. Mais Rocard s'est protégé en esquivant son attaque... Piouf, c'est parti vite. Mais l'autre s'est retrouvé les quatre fers en l'air avec un œil au beurre noir. Et après vous êtes arrivés.

○ Bien. Après je connais la suite... Dites, c'est bien de se soutenir ainsi entre voisins, hein. Bon, Monsieur Lambert, vous êtes tenu de vous présenter demain au commissariat pour faire une déposition.

130 EXERCICE 6

● Dominique, si on te demandait quelque chose, tu aiderais volontiers, n'est-ce pas ?

○ J'imagine que oui. Je ne me vois pas vraiment refuser si c'est une amie qui me le demande. De quoi s'agit-il ?

● Eh bien, je souhaiterais te demander un service.

○ Tu es bien hésitante, Christelle. Tu as l'air troublée. Je me demande ce qui se passe.

● Je crains qu'une grosse bourde ait été commise.

○ Par qui donc ?

● Par moi ! Voilà. J'ai fait une grosse gaffe. Figure-toi qu'hier, j'ai vu Marie et je lui ai dit que j'ai aperçu son mec en train de converser bien gaiement avec une inconnue.

○ Et alors ? Qu'y a-t-il de mal ?

● Eh bien, la fille en question m'a été présentée comme une amie de sa fac. D'après ses dires, elle s'appellerait Amanda et serait célibataire. On a même pris un selfie ensemble !

○ Mais où veux-tu en venir ?

● Quand Marie m'a demandé de la lui décrire et que je lui ai montré la photo en question, elle a reconnu aussitôt la nénette que son mec lui disait être sa cousine ! Tu vois le hic ?

○ Oh ! Là ! Là ! La boulette ! Quelle embrouille ! Ça sent le gros scandale... Montre-moi cette photo ; je la connais, si ça se trouve... Oh mon Dieu ! Si seulement tu me l'avais montrée plus tôt ! C'est Fabienne. Ce n'est absolument pas sa cousine mais son ex !

● Quoi ? Son ex ? Celle qui l'avait plaqué pour un autre soit-disant mieux et plus friqué ? C'est encore plus horrible que je l'imaginais. Quel salaud !

○ Oui, tu l'as dit. Je sais que Marie est d'un caractère affreusement jaloux ! Mais là, ils dépassent les bornes, ces deux-là. Il faut faire quelque chose.

● Si je l'avais su avant, je n'aurais sûrement rien rapporté à Marie. Elle qui s'est déjà fait larguer plusieurs fois ! C'est vraiment pas de chance ! C'est lui qui devrait se faire jeter par elle une fois pour toute.

○ Oui. Je te suis à 100% mais espérons que cela ne se sache pas trop quand même. Ce n'est pas marrant pour Marie.

第10章

EXERCICE 1

133

① ○ Aïe ! Mais qu'est-ce que j'ai mal ! Ouille, ouille, ouille ! Ça fait mal quand vous y touchez.

● Bon ! D'accord, je ne touche plus à votre bras. On va faire une radio pour vérifier si vous avez ou non une fracture.

② Oups ! Zut ! Je l'ai fait tomber. Oh non ! C'est vraiment trop bête. Il est cassé maintenant. Putain, qu'est-ce qu'elle va dire ! Je suis dans la merde, moi ! Que c'est chiant !

③ ○ Atchoum !

● À tes souhaits, Pierre. Atcchi !

○ À vos souhaits, Gabriel.

● Merci ...

○ Enfin ! Quel beau soleil ! Ça fait plaisir de voir des rayons de soleil en cette saison.

● Oui mais, brrr, qu'est-ce qu'il fait froid !

④ ○ Holà ! Y'a quelqu'un ? ... Ouh ouh ? ... Je n'aime pas beaucoup ce silence.

● Bouh ! ... Hé hé hé ! Je t'ai bien eu, hein !

○ Oh ! Qu'est-ce que j'ai eu peur ! (*Se reprenant un peu.*) Ah non ! Marc, tu ne recommences jamais ça, hein ! Tu sais bien que je suis cardiaque.

● Ha ha ! Hi hi ! (*On entend l'enfant s'éloigner en rigolant.*)

⑤ ○ Oh ! Bonjour mes enfants. Quel plaisir de vous revoir !

● Bonjour Mamy Jeanne, tu vas bien ?

Smack ! (*bruits de baisers*)

○ Oui, je vais très bien, merci. Oh ! Comme tu as grandi, Charlotte ! Tu vas bientôt m'arriver à l'épaule. Ça te fait quel âge maintenant ?

⑥ ○ Tu as entendu ? Ça a fait boum boum et grr au plafond.

● Quoi ? Rien du tout. Y'a rien qui cogne ou qui grogne, voyons. C'est dans la télé.

(*Faible crac crac et coup de porte refermée gentiment.*)

○ Clac, crac crac. Ah ! Tu vois ! (*On entend alors un faible tintement.*) Et ding maintenant !

● Tu délires. Je n'entends rien... Pourquoi pas des meuhs, des cocoricos, des miaous ou des ouah-ouahs, pendant que tu y es.

○ Comme tu es bête ! Tu n'es pas gentil avec moi.

...

(*Soudain, on entend des bruits de pas, puis une porte grincer et se fermer violemment.*)

○ Voilà. Des pas et vlan, maintenant. Tu vois, je ne suis pas folle quand même. Cette fois-ci tu ne peux pas dire que tu n'as rien entendu. Quand je te dis qu'il y a quelqu'un dans le grenier.

● Bon, bon ! D'accord. Je vais aller jeter un coup d'œil... et dire bonjour à ton fantôme.

EXERCICE 2

134

① ○ On fait un clafoutis pour le goûter ?

● Oh ! Oui, alors !

② Eh bien ! J'ai enfin obtenu mon permis ! C'est pas trop tôt.

③ Ah ! Comme tu mens mal ! Je n'en crois pas un mot.

④ Pouah ! Ça sent vraiment mauvais ce truc ! Quelle odeur ! Qu'est-ce qu'ils ont mis dans cette peinture ?

⑤ Comment ? Tu as encore cassé une branche de tes lunettes ! Maladroit !

⑥ Tu as perdu ton portefeuille ? Bigre ! Voilà qui est bien ennuyeux !
⑦ Ouf ! C'est fini ! Bon débarras !
⑧ Eh bien ! Quelle histoire, ce divorce ! C'est dingue !
⑨ Est-ce que je suis français ? Bah oui, pourquoi ?
⑩ Mon Dieu ! Que s'est-il passé ici ? Y'a de l'eau partout.
⑪ Pardi, bien sûr que je viendrai à ton mariage. Je ne manquerai ça pour rien au monde.
⑫ Oh ! Ça presse ! Allez vite, quoi ! Appuie sur le champignon et avance donc. On accelère, pépère, j'ai dit. Hue cocotte ! ... Et voilà ! Pas possible. On va encore être coincé au prochain feu rouge.
⑬ Hop ! Faut partir maintenant ! Allez, zou, les enfants, mettez vite vos manteaux.
⑭ Hourrah ! On a gagné ! On a gagné ! On est en finale. On est en finale.
⑮ Réconciliés, dis-tu ? Ah bon ? Tout est bien qui finit bien.
⑯ Oh là là ! Qu'as-tu encore inventé, Sophie ?
⑰ Comme elle est belle ! Waouh ! Que cette fille est mignonne ! ... Non, mais, tu as vu ? Elle m'a regardé. Elle m'a regardé, j' te dis.
⑱ Quelle horreur ! C'est répugnant, ce machin ! ... Beurk ! Vraiment ça me dégoûte !
⑲ Tu te maries ? Tant mieux ! Quelle très bonne nouvelle ! Félicitations. Tous mes vœux de bonheur.
⑳ Au voleur ! À l'aide ! Au secours ! Hep, monsieur, arrêtez-le. Arrêtez-le, s'il vous plaît.
㉑ Vrai ? Nooon. Tu me fais marcher là ? ... Ah oui ? Je ne le pensais pas. Si tu le dis.
㉒ Fichtre, tu as déjà fini tes devoirs ? Je n'en reviens pas. On voit que tu veux regarder la télé.
㉓ Que diable fait-il ? Je me demande ce qu'il mijote encore...
㉔ Ouille ! Je me suis tapé sur le doigt avec le marteau !

EXERCICE 3

135 **Dialogue 1** *niveau familier*

○ Oh, mon Dieu ! Quel désordre ! Mais qu'est-ce que c'est que ce bordel ?
● Ne t'énerve pas comme ça, maman. C'est juste un peu désordonné, c'est tout.

○ Quoi ? Mais tu as vu ta chambre ? Regarde-moi tout ce foutoir ! Que d'habits éparpillés tout partout ! Et cette vaisselle sale toute étalée sur ton bureau et sur le sol ! Comme c'est dégueulasse ! C'est une vraie porcherie ! Et cette assiette toute verte, elle est posée là depuis combien de temps ? Sa surface est toute moisie ! Mais que c'est dégoûtant !

● Oh, maman, ce que tu peux exagérer quand même ! La vaisselle, ça se lave en un rien de temps.

○ Mais quel culot ! Et c'est moi qui vais me la taper, la vaisselle peut-être ! Allez, ouste ! Ramasse-moi tout ça tout de suite !

● Oh, attention à la console de jeux maman ! Tu vas marcher dessus !

○ C'est le comble ! Tu oses me dire de faire attention à tes affaires ! Et quel bastringue dans ton armoire ! J'ai beau faire le ménage régulièrement, tout est sens dessus dessous dans cette pièce ! Quelle honte ! Que tu es désordonné, Damien !

● Mais qu'est-ce que tu peux te prendre la tête, maman. Calme-toi, je m'excuse. Je vais faire du rangement aujourd'hui, je te le promets. Tiens, regarde, je commence tout de suite.

136 **Dialogue 2**

○ Joyeux Noël !

● Quelle joie de vous revoir tous ! Oh, comme les enfants ont grandi ! Ça fait tellement longtemps depuis la dernière fois. On ne les reconnaît presque plus ! C'est fou comme ça pousse, hein !

○ Oui, qu'est-ce qu'ils ont changé en un an et demi ! Même nous, les parents, on a du mal à suivre... Je vous débarrasse peut-être ? Allez, donnez-moi vos affaires, je vais aller les poser dans la chambre.

● Où pose-t-on les cadeaux ? Sous le sapin ? Ouh là ! Que de cadeaux déjà au coin de la cheminée !

○ Tiens, il y en a un pour toi aussi.

● Comme c'est gentil ! Je peux l'ouvrir ?

○ Bien sûr. Vas-y. Ne te gêne pas ! On va tous les défaire maintenant, de toute façon.

● Oh, quelle jolie petite merveille ! Combien j'en ai rêvé ! Le père Noël m'a vraiment gâté. Merci à tous. Allez, regarde donc le tien toi aussi !

○ Un peu de patience ! Oh, mais c'est bien difficile à ouvrir, dis donc, il est drôlement bien emballé.

● Oui, la dame du magasin s'est très appliquée à bien l'emballer.

○ Ça y est ! Je fais attention en le dépliant. Oh, un châle Hermès ! Qu'est-ce que je suis contente ! Mille mercis ! Bon, on va passer à table. Chéri, sors les flûtes, s'il te plaît. Eau et jus de fruits pour les enfants. On a aussi du cidre doux pour eux, s'il veulent. Moi, j'apporte les petits fours pour commencer !

EXERCICE 4

137

A) Je l'avais rencontré l'année précédente. C'était durant les quelques jours précédant les fêtes de fin d'année.

B) En adhérant à notre club de lecture, vous serez avantagé. En effet, en tant qu'adhérent vous bénéficierez, par exemple, de la gratuité du prêt de tous les produits en rayon.

C) C'est un modèle différent que je cherche. Mais les habits trop différents de ceux que je porte habituellement ne me conviennent pas du tout.

D) Les étudiants excellant dans leurs disciplines respectives recevront un prix spécial en fin d'année, lors de la remise des diplômes. Il est normal que les plus excellents d'entre eux soient ainsi récompensés. Les miens ? Ne m'en parlez pas. Ils sont somnolents durant mes cours, ce qui me rend moi-même somnolent. C'est contagieux, on dirait.

E) Les gens négligeant leurs animaux domestiques sont impardonnables. Il faudrait donner une amende à toutes les personnes négligentes qui les abandonnent pendant les vacances.

F) Cette tenue est trop provocante. Il faut éviter les vêtements provocant trop l'œil du public dans de telles soirées officielles.

G) Ce PDG est très influent. De plus en plus de personnes influentes de la scène politique sont issues des plus grandes entreprises internationales.

H) Un rapport convainquant les experts en la matière est évidemment souhaitable. Recommencez ! Et soyez plus convaincant cette fois ! Non, non, non. Cessez de vous obstiner encore à rester divergent. Je vous assure. Vos opinions sont loin d'être convergentes. Lorsque vous aurez des avis convergeant vers le mien, revenez me voir. On en reparlera à têtes reposées.

I) Regardez cette chaleur suffocante en été ! Désormais c'est chaque année et la durée des canicules ne cesse de s'allonger. En ignorant ainsi la situation catastrophique de notre planète, on finira tous en suffoquant dans des déserts.

EXERCICE 5

138

Bien que française, Marie Curie a toujours gardé un certain sentiment identitaire du fait de ses origines polonaises. C'est ainsi qu'elle donna plus tard le nom de polonium à l'élément chimique éponyme. Étant née en 1867 de parents professeur de mathématiques et institutrice, c'est tout naturellement que Marie fut bercée dans les sciences dès son plus jeune âge. Ayant même obtenu une médaille d'or sanctionnant la fin de ses études secondaires en 1883, elle désira poursuivre à l'université. Mais les études étant interdites aux femmes à l'époque dans son pays, elle partit en France rejoindre sa sœur qui s'y était déjà installée. Ayant notamment étudié sous la houlette du mathématicien Paul Painlevé, elle obtint sa licence en sciences mathématiques. Hésitant à retourner en Pologne, elle entra finalement dans un laboratoire de recherche physique. C'est à cette époque qu'elle fit connaissance avec son futur mari, Pierre Curie, officiant comme chef de travaux à l'école municipale de physique et de chimie industrielles. Ayant mené de longues recherches sur les métaux et leurs propriétés, tous deux obtinrent le prix Nobel de physique en 1903. Pierre Curie étant décédé accidentellement en 1905, Marie Curie devint la première femme directrice d'un laboratoire universitaire en même temps qu'elle fut la première femme professeur à la Sorbonne, en remplaçant son mari. Consacrant sa vie aux sciences, elle reçut de nouveau le prix Nobel, de chimie cette fois-là, en 1911. Marie Curie s'éteignit à l'âge de 67 ans, demeurant la première scientifique de l'Histoire à obtenir deux fois le prix Nobel.

EXERCICE 6

Monologue 1

139

Au retour du marché, Jacques s'assit sur la chaise dans l'entrée et se pencha en avant pour défaire ses lacets. Il ressentit alors une vive douleur dans le bas du dos. Totalement coincé et incapable de bouger, il appela à l'aide. Hugo et moi, nous courûmes à sa rescousse. Nous fûmes fort surpris de le voir ainsi totalement plié en deux. N'étant pas médecins, nous fîmes comme nous pûmes. Nous réussîmes à le soulever doucement en le soutenant par ses aisselles, et l'allongeâmes lentement par terre pour que son mal aux reins passe. Jacques plia les jambes à moitié afin que son dos soit bien à plat. Il demanda qu'on lui apporte un antidouleur. Aussitôt dit, aussitôt fait, Hugo se dépêcha d'aller en chercher un, et revint auprès de son papy avec un verre d'eau. Jacques attendit patiemment une bonne dizaine de minutes et commença à se sentir mieux. Il voulut se relever. Nous crûmes que c'était fini mais les douleurs reprirent de plus belle. Nous ne sûmes plus quoi faire. En dernier recours, nous dûmes appeler une ambulance. Ils arrivèrent vite sur place et le décoincèrent. Et, heureusement pour nous, ils n'eurent pas à l'emmener à l'hôpital. Quelle histoire ! Pauvre Jacques !

140 **Monologue 2**

Marion et moi, nous nous rencontrâmes il y a deux ans environ. Nous commençâmes à nous fréquenter alors que nous étions en dernière année au lycée. En fait, tout de suite, je fus épris d'elle. Dès le premier regard, je sus que c'était elle, mais elle, non. Tu sais les filles, c'est souvent comme ça. Je ne crois pas trop au coup de foudre réciproque. Passons. Je pris mon courage à deux mains et dus mettre beaucoup de moi pour gagner son cœur. L'essentiel est que j'y sois parvenu. Une fois ensemble, il a fallu bien sûr nous cacher des autres copains et copines, car on était mineurs et on ne voulait pas trop de ragots et surtout que nos parents l'apprennent. Marion pensa que ce serait mieux ainsi mais les autres le découvrirent, et bientôt tout le lycée fut au courant. Les choses auraient pu en rester là mais, malheureusement, c'est pas tout. La rumeur se répandit comme une traînée de poudre et cette peste de Louise qui ne tient jamais sa langue s'empressa de le rapporter aux parents et leur envoya même des photos prises en cachette avec son smartphone. Elle est vraiment dégueulasse celle-là. Une vraie pipelette ! Tu sais, on ne la surnomme pas pour rien la reine des commères. Bref, nos parents se virent, nous convoquèrent tous deux et voulurent que nous cessions notre relation. Marion crut vraiment que c'était fini nous deux. Mais moi, je décidai de jouer franc jeu et je parvins à les persuader du bien fondé de notre amour. Je leur promis que c'était du sérieux. La preuve, on est encore ensemble ! Convaincus, ils nous laissèrent nous fréquenter finalement. Plus de peur que de mal, en conclusion. Mais cette Louise, alors, je ne lui pardonnerai jamais. Mieux vaut pour elle qu'elle ne croise pas mon chemin, sinon je lui ferai passer un très mauvais quart d'heure.

日本語訳

第 1 章

EXERCICE 1

●奥さま，お客さまはどこに座っていただきますか？

○ロシェ大使をオバマ大統領の肖像写真の前に，大使夫人は大使の右隣にしてちょうだい。

●ルルー夫妻はどこにすればいいでしょう？

○ルルー夫妻は，そこのロシェ大使ご夫妻の反対側にして。オレノ先生はモネの絵の前，テーブルの端に。

●奥さまはどこにお座りになりますか？

○この椅子に，テーブルのもう一方の端，ルルー氏と大使の間よ！

●奥さま，カラス様は？

○あら，オペラ歌手のこと，忘れていたわ！ 招待を取り消してちょうだい，テーブルにはもう席がないんだもの！

●承知しました，ラ・ロズリー奥さま。すぐに対処いたします。ソワレが中止になったとお伝えいたしましょう。

EXERCICE 2

ラ・ロズリー夫人：来年の春までパリでの大使職をお勤めですか？

大使：いえ，ベルリンに任命されることになっています。だから引越す前に妻と私でフランスで 1 ヶ月のヴァカンスをとるつもりです。ロワール川のクルーズをして，ブルターニュに沿って航海し，ノルマンディーからル・アーブルまで行こうと思ってます。

ラ・ロズリー夫人：なんてユニークだこと！ ル・アーブルからは，セーヌ川を通ってパリに戻られるんですか？

大使：ええ，そうです。ラ・ロズリーさん，あなたのご予定は？

ラ・ロズリー夫人：私はアメリカに行くつもりですけれど，夫はここ我が家に残ります。ニューヨークとモントリオールを見たいの。

ルルー氏：ラッキーですね。妻と私はプロヴァンスとローヌ川流域で数日過ごすだけでしょう。

ラ・ロズリー夫人：この冬はみんなとても忙しくなりそうですね。そろそろデザートの時間ですね！ マルト，デザートを持ってきてちょうだい！

EXERCICE 3

ラ・ロズリー夫人：大使閣下，デザートのあとでフレンチ・タロットをするのはいかが？ 午前 0 時を過ぎてますね。

大使：喜んで。私たちは 2, 3 週間おきに，土曜の夜に友人たちとタロットをするんですよ。今度はいつするのかな，ねえ？

大使夫人：だぶん3月14日の夜ね。前回は金曜で…2月の最後の日だった。ええそうね，このあいだの2月28日だったわ。

ラ・ロズリー夫人：2月28日ですって？ なんておかしいんでしょう，孫娘が生まれたのと同じ日だわ。2月28日に生まれたの。閏年だったのよ。正確には2000年2月28日。

大使夫人：そうなの？ 2000年に？ 素晴らしい年ね。

ラ・ロズリー夫人：もうすぐ4月ね。4月始めにもうちでパーティーをするのはいかが？ 4月はいない日が多いのだけれど，月の始め，5日より前なら都合がいいわ。

大使：土曜の夜になるのかな？

ラ・ロズリー夫人：ええ，4月最初の土曜にしましょう。

大使：土曜なら妻も私も大丈夫ですよ。

EXERCICE 4

大使：そういえば先日，モラン侯爵をみかけたんですよ。馬の事故をしたようで。落馬して脚を骨折したんです。かわいそうに太ももまで脚がひどく腫れていました。太ももは青アザだらけでしたよ！ まだ数日は入院しています。

大使夫人：でもそれだけじゃないんですよ！ 右腕もケガしたんです。右手も手首も動かすことができないんです。それから顔も腫れていて。歯も折れたし，それに…

ラ・ロズリー夫人：さあ，悪いニュースはもうこれでじゅうぶん。病院にお見舞いに行きましょう。病院の住所を教えてくださいね。ところで，彼の新しいパートナーはどんな方？

オノレ氏：侯爵の事故の前，私はゴルフサークルで彼女に会いましたよ。とても美しい方です。青い目で金髪で。

ルルー夫人：ええ，髪の毛が長くてカールしてて。芸者さんのような白肌に薔薇色の頬。指はほっそりとして長く，優雅な小さな手をしているの。写真だと本当に磁器のお人形さんのようなの！ ほら，これが彼女のフェイスブックの自撮りよ！

EXERCICE 5

ルルー夫人：どなたかこのゲームの規則を私に説明してくれなきゃ。ほんのちょっとしか覚えていないのよ。

ラ・ロズリー夫人：わかったわ。まず，これが普通のカードね，これはスペードのキング，これはハートのクイーン，これはダイヤのジャック。こっちはクラブのナイト。いくつかのカードは他のカードとしっかり区別しなければならないの，普通のカードゲームにはないものだから。たとえばこれは切り札の1。こっちはエクスキューズ。「ジョーカー」ともいう。最後のディールを除いていつでも出すことができるの。どのカードを出そうか迷うときにこれを使って。いずれにせよあなたからこのカードを取り上げることはできない。ディールの勝者はあなたにそのカードを返さなければならないし，どんな強さのカードでもいいから他のカードをあなたにあげなければならないから。

ルルー夫人：よし，わかったわ。このカードは勝負中いつでも出していいのね，最後のディールを除いて。そうしないと，絶対に失ってしまう。こんなカードを手放すのは惜しいわね，だってエクスキューズのカードは 5 点なんでしょう？

ラ・ロズリー夫人：そうよ，切り札の 21 やエースと同じ強さなの。そして切り札の 21 より強いカードはないの。

ルルー夫人：わかったわ。すべての切り札はゲーム内の他のどのカードよりも強いけれど、別の切り札を使うと誰でも私から切り札の 1 を奪うことができるの。それから，ジャックはナイトと同じ価値を持っているの？

ラ・ロズリー夫人：いいえ。いろいろな人物のさまざまなカードがあるの。だからカードはいろいろな強さを持っている。キングは 5 点，クイーンは 4 点，ナイトは 3 点でジャックは 2 点。1 から 10 までのカードは実際には価値はなくて，ペアで 1 点だけ。本当にどうでもいいカードよ。たとえば，このカードはスペードのキング，これはハートのクイーン，これはダイヤのジャック。こっちはクラブのナイト。さあ，カードをみんなに配るわよ。ひとり 14 枚持つことになるはず。さ，始めましょう！

EXERCICE 6

ラ・ロズリー夫人：ああ，のどが渇いた！ みなさんは？

大使：ええ，私ものどが渇いた。すごく！ ブランデーありますか？

ラ・ロズリー夫人：マルト，大使にブランデーを一杯差し上げて。クリスタルを使ってね。

ルルー氏：タロットゲームが弱くてまったくお恥ずかしい！

ルルー夫人：ええあなた，今夜は私もお恥ずかしいわ。でもそれで口喧嘩するつもりはないけど。ああ突然おなかが空いたわ。カナッペが残っていたんじゃないかしら。

大使：フィンガーボールはありませんか？ 指がべとべとして。カードを汚したくないのでね。ああ遅かった。このカードに油じみをつけてしまった。すみません。

オノレ氏：私のナフキンを使ってください。まだきれいです。

ラ・ロズリー夫人：では，私はここでスペードのキングを出すわ！ リスクのない勝利はないもの！

大使：ああ素晴らしい。この勝負，見事に勝ちましたね！

ラ・ロズリー夫人：2 回目の勝負も勝たせていただけるわね！

第 2 章

EXERCICE 1

A）私は公務員で，妻は銀行員だ。朝食を作るのは私で，洗いものをするのは妻。私は 8 時 15 分に市役所に仕事に行き，妻はもっと遅くに出る。出かける前，私は妻にやさしい言葉をかけ，妻も同じく私にやさしい言葉をかける。そうでないときは妻の携帯にメッセージを残す。が，妻はスマートフォンをあまりうまく使えない。妻はそれがどのように機能するのかよくわかっていないので，こまごまとしたことを説明しなければならないことがよくある。

B）朝はコーヒーを飲みますか？ 私はどちらかというと紅茶か，または何も飲みません。子どもたちはいつもフルーツジュースを飲みますけどね。ちょうどタルティーヌ[バターやジャムをつけた薄切りパン] を作ったところですが，いかがですか？いらない？…ちょっと待とう，パンが熱すぎて。え？ もう行かなきゃならないんですか？よろしければ，急いでサンドイッチを作りますよ。は？ パンが食べられないんですか？ああ，ダイエット中なんですね！ ちょっとぐらいどうってことないと思いますけど…。ええと，ちょっと待ってください，私の携帯が鳴ってますね。どこに置いたっけ？

C）車を運転している人が自動速度取締機に気づくと，最良の解決策を選ぶことが多い。つまり，道路交通法をより遵守しようとするのだ。彼らはスピードを落とし，より注意深く運転する。警察の通行止めに気がついたら，もっとよく考える運転手もいる。彼らは危険を感じ，速度を落とし，シートベルトを着用し，携帯電話の電源を切る。

D）同胞たちよ，諦めまい！ 取締役会と私は，私たち全員が協力し，力を合わせて価値を創造することで，我が社が迅速に収益を増やすことができると信じ，心から願っている。共に働くことは常に報われるものだ。だから，私はあなたがたにこの社会運動をやめるよう，呼びかける。あなたがたは慣習に則って行動している，そして私はあなたがたのストライキを忘れよう。同意してもらえるだろうか？私についてきてもらえるだろうか？ イエス？ わかった，では私は腰を下ろそう…約束しよう。私はあなたがたの邪魔はしない。どうぞ！ さあ，話してください。

EXERCICE 2

A）息子は朝寝坊した。11 時まで寝た。当然だ，昨日学校のあと水泳をしたのだから。

B）どこかに財布を忘れてしまった。でなければ，失くしたか，または盗まれたんだ！

C）おととい，ソフィーと一緒に買いものに行ったけれど，私たちは何も買わなかった。ワンピースは高すぎたし，私たちは十分にお金を持ちあわせていなかった。

D）母と姉は日本を旅行したことがある。京都に行き，金閣寺を訪れたこともある。とてもきれいだったらしい。でも，彼女たちは高野山には行ったことがない。彼女たちは次回そこに行きたいと思っている。

E）ピエールと彼の飼い犬は私の家の前に着いた。入り口を入って階段を駆け上った。ピエールはそのとき綱に足をとられて転んだ。うつぶせで階段を落ちてしまい，腕を折った。救急車がやってきて，最寄りの病院まで彼を連れて行った。彼はその日の夕方，右腕にギブスをつけて出てきた。彼の犬はもっと幸運だった。彼は何も得られなかった。

F）私たちは夜遅くに寝た。というのもパーティーをして少し飲みすぎたからだ。そのため，時間どおりには起きられなかった。夫は大急ぎで着替えなければならなかった。仕事に行くのに，シャワーも浴びなかったし髭も剃らなかった。私は遅れて出発した。10 時半頃に家を出た。

G）今朝，顔色が悪いと言われた。実は土曜日にマリと会って，彼女が私にとてもおもしろい小説を貸してくれたのだ。私はそれをとても気に入って 1 日で読み終えてしまった。昼過ぎに読み始めて，その小説をナイトテーブルの上に置いた。で，そうしたら…そう，そう，午前 2 時まで読んでしまった。

EXERCICE 3 ●孫 ○おじいちゃん

●おじいちゃん，おじいちゃんは高校の自然科学の先生になる前は郵便配達をしてたってパパが言ったよ！ どうしてなの？

○おや，お兄ちゃん。本当に郵便配達の人だったわけじゃないんだ。ずいぶん昔にやってたってだけでね。きみのパパもまだ生まれてなかったし，まだおばあちゃんのことも知らなかったんだから！ 学費のためにアルバイトとしてやってたんだよ。

●アルバイトは他に何をやったの？

○郵便局の窓口業務もしたよ。当時は切手を売ったり小包を送ったりしたものさ。同時に大学で勉強しはじめたんだよ。レストランの厨房で働いたこともあるね。もっぱら皿洗いをしていたんだけれど，客の食べ残しや飲み残しを平らげたりしたなあ。今となってはすっかり昔のことだよ。そういえばカフェのウェイターをしばらくやってたこともあったなあ。そうやって君のおばあちゃんに出会ったのさ。ある日，おばあちゃんはテラス席に座ってて，そこで初めて見かけたんだよ。彼女はあまりに美しかった。とても上品に紅茶を飲んでいてね。ああ思い出がいっぱいだ！

EXERCICE 4

A）1 年後にきみが成人（18 歳）になって免許がとれたら，運転できるよ。

B）日曜日，子どもたちも知ってのとおり 3 月 3 日のことだが，私たちはおじいちゃんの家に行くよ。きみのいとこたちも来るだろう…ああ，食事が終わったら彼らと原っぱで遊ぶといいよ。

C）明日の朝あなたに書留を送ります。10 時から 11 時は暇なので，昼までには必ず送ります。書留を遅くとも明後日にお受け取りになるでしょう。

D）土曜日に彼女たちはフランソワーズおばさんに会い，おばさんの誕生日をお祝いするだろう。おばさんがイル・ド・フランスを離れてから，オーベルニュのおばさん宅を訪問するのはとても久しぶりのことだ。彼女たちはリモージュの素敵な磁器のお皿をプレゼントするだろう。おばさんはきっと喜ぶと思う。

E）6 月にレミはバカロレアの試験を受ける。7 月始めの 6 日か 7 日頃に成績と結果がわかるだろう，平均 15.5 点の良を目指しているのだから。

F）月曜のお昼近くにリシャールに電話しよう。私たちふたりのためにケーキを 2 つ買おう。そして 4 時に彼に会おう。一緒におやつを食べよう。彼は喜んで，ひとりじゃないと感じるだろう。

G）今夜彼に私の家に来てもらおう。そうしなければならない。必ず，彼はやってくるだろう。彼はこのソファに座る。お気に入りのウィスキーをグラス1杯飲む。そのとき，私は彼に和解を提案するだろう。彼はやっと私の言うことを聞いてくれるかもしれない。

H）天気予報によると，3連休はずっと雨になりそうだ。だから火曜日にキノコを摘んでおこう。もちろん毒キノコは捨てる。その方がみんなのためにいいだろう！

EXERCICE 5

Partie 1

●やっと秋晴れの日曜日だね！

○ええ，1週間ずっと天気がよくなかったものね。このところなにしてた？ 何日か見かけなかったけど！

●昨日は，雨が降ってたから，私は朝は家で家事をして，ジェロームはマルシェに行ったの。それから13時から15時まで子どもたちを図書館に連れて行ってくれたわ。

○電話ではイケアに行ったって言ってなかったっけ？

●言ったわよ，でもそれは木曜，仕事のあとの18時頃。ずっとほしかったリビングの家具をやっと見つけたの！ 次の日は仕事の前に，午前中9時から10時まで，スポーツセンターに行ったの。ちょっと体を動かさなきゃと思っていたから。お昼頃に仕事を始めた。で，夜は，13日だったから，ホラー映画ナイトにしたの！ スプラッターだったわ！

○じゃ，ジェロームとあなたと子どもたちでアステリックス・パークに行ったのはいつ？ このあいだの週末？

●いえ，平日よ，5日前。火曜日。その方が人が少ないし，子どもたちも学校がなかったから。おやつの時間までいたわ。でも次の日，私は1日休みを取らなきゃならなかった，すっかりクタクタになって！ このあいだの日曜はゆっくり休めたからよかったけど。そのかわり，このあいだの月曜は2時間残業したわ。ねえ，タルト作ったの，食べてみる？

○喜んで！ おいしそう！

Partie 2

●この週末，予定ある？

○ええ，金曜の夜にパリに行って妹に会って，妹のところに二晩泊めてもらうの。

●で，何するの？

○次の日は美術館に行って，観終わったら土曜の午後はたぶん，子どもたちのためにちょっとデパートに行こうと思う。

●自分のためじゃなくて？

○自分のためでもあるわ。仕事が変わったら新しい服が必要になりそうだから。

●え？ 仕事変えるつもりなの？ いつ？ 私には隠してたのね！

○うん，はっきりと決まったわけじゃなくて。でも今月末までの契約が終わったら，更新はしてもらえないの。私もそのことを知ったばかりで。
●え，それってひどい。
○大丈夫。子どもたちの世話をするか他のことをするかでいつも迷ってたから。今の仕事には飽き飽きしてるし。しかも昨日，よさそうな求人をふたつ見つけたの。今週金曜日に面接を受けるつもり。結果がわかったら知らせるね，遅くとも来月には。
●じゃあ，幸運を祈るね。

EXERCICE 6

Texte 1

ヴィクトル・ユゴーは詩人であり作家，そして劇作家でもあった。1802 年に生まれ，まさに19 世紀の生き証人であった。というのも1885年に亡くなったからである。ユゴーは幼少期，家族とともに数多くの旅をする幸運に恵まれ，またナポレオン軍の将校であった父の仕事のため頻繁に引越した。幼なじみのアデル・フシェと結婚し，5 人の子どもをもうけた。ユゴーは母親が信仰するカトリックの影響下で育ったが，1848 年の（二月）革命が勃発したときにその宗教教育に反抗した。そうして彼は共和派と自由思想の擁護者となった。ユゴーは多くの小説を執筆したが，もっとも有名なのは，のちに数多く映画化され，またミュージカルになった『レ・ミゼラブル』だろう。

Texte 2

ナポレオンは 1814 年 4 月に初めて退位したのち，イタリアにほど近いエルバ島で 10 ヶ月を過ごさねばならなかった。しかし大西洋の島に収容されるという計画を耳にして逃げ出した。オーストリア人たちの手中にあった彼の妻と息子の運命もまた，ナポレオンを行動に駆り立てた理由であった。ひとたびフランスに戻ると，1815 年 3 月，100 日間権力を取り戻した。事実，1815 年 6 月 18 日にワーテルローの戦いに敗れるとまもなく，権力を手放さなければならなかったからだ。それは，ナポレオン自身によって統括されていたフランス軍が，ナポレオンの統治を完全に終わらせるためにやってきたヨーロッパ軍に敵対した最後の機会であった。退位させられると直ちにナポレオンはイギリス人によってセント・ヘレナ島に流されて投獄され，彼はそこで生涯を終えた。ナポレオンは 1821 年 5 月 5 日に亡くなった。

第 3 章

EXERCICE 1

A）私の家族のほとんどはフランス南西のボルドー地方に住んでいる。が，マシフ・サントラル（フランスの中央山塊）に叔父と叔母がいて，南仏で働いている従兄弟もいる。でも私は彼に会いにコート・ダジュールに一度も行ったことはない。

B）春の 3 月の 3 週間，学生は次の国や都市から選択して語学研修に参加することができる。フランスのル・アーブル，ポルトガルのポルト，スペインのマドリッド，スウェーデンのストックホルム，オランダのアムステルダム，英国のスコットランドのエディンバラかグラスゴー。

C) より遠い地域に興味があるならば，学生は夏に次の地域に行くこともできる。エジプトのカイロ，南アフリカのケープタウン，ニュージーランド。でも北米にはひとつも研修先がない。アメリカとカナダに行きたい人が多すぎるからだ。
D) より伝統的で文化的な場所がよければ，次もおすすめできる。ロシアのサンクトペテルブルクだが，行くのは秋だ。
E) 最後に，よりエキゾチックな場所として，冬の 2 週間，ホストファミリー宅に行くこともできる。台湾の台北，フィリピン，マダガスカル島沖のフランス領の島であるマイヨット島，またはフランス領ポリネシアだ。

EXERCICE 2

A) この川の長さは 547 キロだ。
B) 3 つ目の信号を右に曲がってください。
C) 今月末にフランスに行く。
D) 明日までに仕事を終えなければならない。
E) 人生で成功するためには，真面目に勉強しなければならない。
F) 私は彼の奇妙な態度に驚いた。
G) 息子は大学を卒業して医者になった。
H) 私はスポーツクラブに週 3 回通っている。
I) この手紙はおばあちゃん宛てだ。
J) 彼女は自転車でこけて怪我をした。
K) 渡り鳥は南へ向かった。
L) この書類に黒い鉛筆で記入してください。
M) 昨年，私は船で宮古島に行った。
N) 祖母は 100 歳で亡くなった。
O) ほら！ この小銭入れ，革製じゃないのがわかるでしょう。
P) 子どもたちは公園で犬と遊んでいる。
Q) この帽子はあなたのワンピースによく似合う。
R) 愛と友情を混同してはいけない。

EXERCICE 3

A) 彼女は誰に対しても思いやりがある。
B) ユゴーのお母さんは毎日彼を学校の前で待っている。
C) ヴァンサンはまだ両親の家で暮らしている。
D) 約束する。7 時から 7 時 15 分の間に着くからね。
E) 掃除機はクローゼットの壁に立てかけてある。
F) 小学生たちは学校の中庭で歌いながら遊んでいる。
G) 誰かがドアの向こうで私たちの話を聞いている。
H) 本当に申し訳ありません。2 時間遅れて到着します。

I）僕の彼女はきっと僕と一緒に世界の果てまで行ってくれるだろう。
J）この学生たちは授業中ずっとおしゃべりしている。イライラする。
K）マンションの屋根にカラスがいる。
L）寝室の窓の下に電気ストーブを設置した。
M）私の祖父は村のはずれの一軒家にひとりで暮らしている。
N）新聞によると，明日は寒い日になる。
O）彼によると，私には教養がありすぎるそうだ。
P）彼女なしでは生きられない。
Q）会計に問題がある。100 枚ほどの領収書の中から大事な 1 枚が見つからない。
R）ごく幼い頃から，ますます多くの子どもが画面に釘付けになっている。
S）天気が悪くても，私は絶対に外出する。
T）シャンゼリゼ大通りで偶然リシャールに出会った。

EXERCICE 4

A）彼女のおかげで私はローンを返済することができた。
B）状況を考えると，なんと言っていいかわからない。
C）RATP（パリ市交通公団）のストライキのため，とりわけパリの運行は混乱している。
D）あなたの手紙を受け取って，私たちはあなたに連絡することにした。
E）悪天候のため，リヨンとシャンベリー間の交通が中断している。
F）きみはいつも私を驚かせるね。きみの知識は私のと比べて無限だ。
G）彼の名声を考えると，彼の名前を言う必要はない。
H）彼女はこの注射を週に 2 回行う必要がある。
I）彼は，近しい人を失った人々に無関心だ。
J）2000 年に関して，ここにフランスの収支決算の概要がある。
K）彼女のために，私は絶対にそれを彼女に告白しないだろう。
L）会議に関しては，5 月 15 日の 9 時を提案します。都合はいいですか？
M）イザベルは家にいます。あなたは私と一緒に来てください。
N）ソフィーの見方では，この理論はしっかりしている。私は，疑わしいと思う。
O）彼の証言が彼の無実を明らかにしたために，警察は彼を釈放した。

EXERCICE 5

① この紳士は婦人に丁寧に挨拶する。
② その子は犬をやさしくなでる。
③ パパは娘にとてもやさしく話す。
④ 泥棒は急勾配の屋根樋に沿ってとても用心深く歩く。
⑤ 少年は楽しそうに笑う。
⑥ そんなにスピード出しすぎないで，あなた。私，車がこわいの。
⑦ 犬と猫がじっと睨みあっている。

⑧ 女子学生が試験でじっと考えている。

⑨ カタツムリは草に沿ってとてもゆっくりと進む。

⑩ テストで悪い点を取ったので，子どもは恥ずかしそうに学校から帰ってきた。

⑪ 警官がデモ参加者を強く殴った。彼は翌日停職になった。

⑫ 運転手は通行人に瀕死の重傷を負わせた。

EXERCICE 6

●あなたの部屋のインテリア，居心地いいわね！長方形のローテーブルの周りのふかふかの肘かけいすが好きだわ。この広い空間にうまく家具を置いたわね。リビングの真ん中にあるローテーブルが，大きなカーペットと白い壁紙によく合っている。それ，中世のタピスリーととてもいいコントラストね。

○暖炉のすぐ上の，壁に埋め込んだ新しいフラットテレビはどう思う？

●いいアイデアね。少なくとも場所をとらないし。あら，暖炉に薪があるのね？

○ええ，あなたが来る前に火をつけたのよ，たった 30 分ほど前に。ある時，暖炉をふさごうと思ってたけど，結局そのままにしたの。ほかの飾り付けはどう思う？

●趣味がいいわね，カミーユ。楕円形の鏡の右にある青い絵がとてもいい。入口から洗濯室まで両側にうまく配置したわね。ソファのあちこちに置いてある水玉模様のクッションも気に入ったわ。ローテーブルの上の小さな赤い花と他とのコントラストがいい。ソファの後ろの壁にある 3 つの正方形のもの，あれは何？

○湿気を吸ってくれる壁飾り。今流行ってるの。

●へえ。階段の下にきれいな飾り棚があるわね。あら，この本はいったい何，この枕元にあるのは？ あ，ミレーヌ・ファルメールの伝記じゃない！ ねえ，これ貸してもらえる？

第 4 章

EXERCICE 1

1) 今夜は何を着るつもり？

2) ヴァカンスはご家族でどこに行かれますか？

3) 彼女は首に何をつけているんですか？

4) 空港に行くのにどこを通りますか？

5) これ一箱いくらですか？

6) 封切りはいつですか？

7) 足の間には何があるの？ で，彼はなにで遊んでいるの？

8) 彼は誰にずっと電話しているんですか？

9) 今夜何食べよう？

10) 何時ですか？

11) あなたはなぜ泣いているんですか？

12) あとどれくらいできみは家に着くの？

13) このなかで何色が好き？
14) きみの仕事はどのような内容なの？
15) あなたはどんな勉強がしたいですか？
16) 今夜何時に帰るつもり？

EXERCICE 2

●大学祭で今回はなにしよう？
○モリエールの劇をするのはどう？
●どの劇にしたい？ 僕は『病は気から』が好きだな。
○いいね！ でも何語でやればいいだろう？ フランス語だと，誰が理解できるだろう？
●英語にする？
○なんで日本語で上演しないわけ？ 素直に。そうすれば，理解の問題はないじゃない。あの時代のフランス文化を伝えるには，衣装とプロットでじゅうぶんだよ。
●そうだね。でも衣装にかかる費用はどうしよう？
○いくつかは作れるし，他の衣装は福引で賄える。
●福引が当たった人にはどんな景品をあげよう？
○衣装そのものだよ！
●舞台の設備や装置はどこで見つけるつもり？ 何を使って上演しよう？
○心配いらないよ！ 演劇クラブが必要なものを貸してくれるだろうから。

EXERCICE 3

A) かなりの人が，50 ～ 60 代向けに役立つこの本を読んだ。
B) 要するに，私には時間がほとんどない。だから私はあまり多くの本を読まない。
C) ここ数ヶ月来，私たちの店でお客がますますお金を使わなくなっている。
D) このあいだの台風は，数十億ドルの額に上る甚大な被害をもたらした。すべてをきれいにするには，1 週間から数週間待たなければならないだろう。
E) 私にはアメリカ人の友だちが何人かいる。私は何年も前からキャンベル家をとてもよく知っている。彼らは本当に親切だ。
F) 私の友人の何人かは，自分たちの仕事の状況に満足していない。何人かは職種を変えたいとさえ思っている。また早期退職を望む者もいる。
G) あなたに言うことがある。すごい人に会ったよ。
H) シャーロック・ホームズとかいう人が，名高い泥棒を捕まえた。
I) このような状況では，どの従業員がいちばん相応しいかわからない。
J) 業務の分担がある程度調整された。
K) もう少し穏やかになって。あなたの態度には少し面食らう！
L) 空の星と同じぐらいの数の恋人たちがいる。
M) この薬のせいで具合が悪くなると思うなんらかの理由があるならば，すぐに医者に連絡しなさい。副作用の恐れがある。

EXERCICE 4

Dialogue 1

●私のカバンがコート掛けにかかっていない。どこにも見当たらない。でもどこかに置いたはずなんだけれど。どこに置いたっけ？ まったく，私のやりそうなことだ。

○おかしいな。きみはいつもカバンを探しているね。寝室の棚の上やワードローブの近くはもう見たの？

●ええ。台所にもリビングにもない。といっても，浴室はまだ見てないけれど，まさかね。

○僕もそのカバン，ほとんどみかけないな，たしかに。またベッドの脇に置いたんじゃない？ たぶんその下に滑り込んだんじゃない？

●絶対ない。あーあ，どこにも跡がない。マジで，身分証明書や車の鍵もないし，今からどうやって出かけよう，私！

Dialogue 2

●あなたはこれまでに外科手術で入院したことがありますか？ 私は一度もない。これまで一度だって重い病気にはかからずに生きてきたんです。それが今，胃に良性の腫瘍が見つかったばかり。重い病気になったんじゃないかと心配です。

○まあまあ。命にかかわるわけじゃないし，良性なら転移することはありえません。だから，はっきり言いますが，安心してください。心配しないで。医師たちも有能です。彼らが悪いところを治療してくれて，あっという間にすっかり治りますよ。心配する理由は何ひとつありません。

●あなたの言うとおりだと，私は疑ってはいないんです。でも，安心したいんです。

○任せてください，電話しますし，定期的にお見舞いに来ますから。

EXERCICE 5

A）かの有名な泥棒紳士アルセーヌ・ルパンが，拘留されていた刑務所から，どうやってかはわからないが，脱走することに成功した。おそらく，誰にかはわからないが，助けを頼んだのであろう。誰が，いつ，どうやって，そしてどのようにやり遂げたのかは，神のみぞ知る。ベルヴィル刑事，フランス・ニュースの質問にお答えください。この脱走に関して何か詳しく教えていただけますか？

B）みなさんを安心させたいと思います。脱走者と共犯者たちを捕まえるためにあらゆる対策がとられています。たしかに，誰と，どうやって，いつ，これらすべてのことが起こったのか何もわかっていませんが，調査は進んでいます。調査は迅速に，とても速いスピードで進んでいます。それでもルパンの奴，今朝司法警察に何やら布製のものと共に手紙を送りつけて，我々をものともしない。我々はルパンを捕まえる。約束します。みなさんが思うよりも早く。おまえが何を考えようと，おまえが何をしようと，どこにいても，おまえは私たちから逃れることはできない。ルパン，おまえはもう捕まったも同然だ！

EXERCICE 6

○レミ，もうすぐバック［バカロレア］の最初の試験よね，私，毎晩何十分も復習してるけど，全部失敗するんじゃないかって思うの。兄と比べると，彼のアグレガシヨン［中高等教育教授資格試験］準備よりも難しくはないとわかっているの，それでも。

●ロール，哲学の試験に失敗したとしても，君の得意な科目がまだたくさんあるよ！大事なのは，毎晩規則正しく復習することだよ。

○でも何ヶ月も前からそうしてるのよ，毎晩，誓って言うけど！どうしてかわからないけど，試験が近づく頃にパニック状態になるの。こんなになるの，私だけかしら？

●きみみたいになる受験生はたくさんいるよ！誰でもそんなふうになることがあるさ。

○でもあなたは，どんな試験でも合格するじゃない！どうやってるのかと思うわ，本当に。

●定期的に休憩しなくちゃいけないよ。きみは何分おきに休憩してる？

○わからない。そんなこと，考えたこともない。

●僕はね，毎時間おきに 5 分休憩して，栄養ドリンクを飲む。それから再スタート！それに絶対に夜遅くまでは復習しない。遅くとも午前 0 時頃にはやめる。どんな風にでもいいから，次の日は授業のために元気でいなくちゃ！

○わかったわ。よし，哲学の試験までにまだたくさんやることがある…

●がんばって，ロール。

第 5 章

EXERCICE 1

Groupe 1

A）エリック，宿題したの？ — もちろんやったよ。

B）この話，友だちにしたの？ — ええ，話したわ。

C）コーヒーいかがですか，ムッシュ？ — ええ，1 杯いただきます。

D）合衆国に行ったことがありますか？—はい，行ったことがあります。

E）フランス人の知り合いがいますか？ — いいえ，残念ながらひとりも。

Groupe 2

F）図書館の机に仏和辞典が何冊かありますか？ — ええ，たしかに，何冊か見えますよ。

G）2 枚もらえる？ — うん，2 枚渡すよ。

H）中国に残っている家族のことをときどき考えますか？ — ええ，よく考えます。

I）子どもたちは何時に柔道クラブから帰ってきた？ — 18 時に帰ってきたよ。

J）あの山が見えますか？ — いえ，あまりよく見えません。

Groupe 3

K）予定どおり 7 時にレストランに行くの？ — 行くよ。約束する！

L）この新聞をよく読みますか？ — ええ，よく読みます。予約購読もしています。

M）この良い結果に満足してますか？ — ええ，とても嬉しいです，大満足です！

N）彼は君の留守電にメッセージを残したの？ — いや，残さなかった。

O）彼女はこの問題についてずっと考えているんですか？ ー はい，それは彼女の気がかりとなっています。彼女はずっとそのことを考えています。

Groupe 4

P）今日，会議のことで彼に電話する？ ー もう昨日，彼に電話したよ！

Q）コンサートの招待状をもらえる？ ー 今日の午後に渡すよ。

R）彼らはベルギーに住んだことがありますか？ ー そうなんですよ，彼らは 3 年間住んでいました。ブリュッセルでした。

S）仕事はありますか？ ー ええ，多すぎるほど。とても多すぎます。

T）きみのお父さんは日本のアニメ映画を観たことがありますか？ ー 私と一緒に何本か観ましたが，彼はあまり好きではありません。

EXERCICE 2 ●女性販売員 ○女性客

●何をお探しですか，マダム？

○夏用の軽い生地のズボンはありますか？

●はい，あちらの売り場にいくつかございます。

○どの売り場ですか？

●右手の，店内奥です。心地いい軽さのさらっとした，着心地のいいモデルがございます。

…

○教えてくださった売り場にそれが見当たらないんですけど。

●お探しのズボンは上の棚にございます。ごらんください，両脇にポケットがあることで，この素敵なリラックスパンツのくつろいだスタイルが強調されているでしょう。

○あれですか，あれのことをおっしゃってます？ さわり心地があまり好きではありません。他のはありますか？

●はい，似たような在庫がいくつかございます。ただいま持ってまいります。サイズは…？

○ 40です。

…

○青がとても気に入ったんですけど，素材がゴワゴワしてますね。

●手ざわりがより柔らかいのがひとつございますよ。こちらです。お客さまが今お召しになっているものに似ています。

○ええ，素材は同じものがいいです。あなたが持っているものがとても気に入りました。ああ，これは完璧です。決まりました。これ，いただきます。待ってください！ いくつか欲しいです。

●いくつご入り用ですか，マダム？

○ 3 つ。

●かしこまりました，マダム。他にございますか？

○これに合うブラウスはありますか？

●はい，あちらの，棚とハンガーに。ごらんください。

EXERCICE 3

A) お隣の女性，先ほど彼女に食料品店で会いましたよ。

B) 私の姉 (/ 妹)，彼女は来年大学に入るでしょう。

C) バカロレア，私はもう 20 年以上前にそれを取った。

D) 美味しいカエル料理，私たちはそれをこのレストランで食べました！

E) 子どもたち，彼らには放課後に宿題をやらせた。

F) クモは，小さかろうが大きかろうが，私の母はそれをとても怖がる。

G) 市役所，私はそこに 3 度行ったが，無駄足だった！

H) ワイン，私はそれはいらない。

I) イタリア，彼らはそこから戻ってきたばかりだ！

J) 彼が言ったこと，私はそれをよくわかっている。

EXERCICE 4

1

A) それで私のカギ，どこに置いたの？

B) トトの笑い話を知ってる？

C) ドアを閉めて。すきま風が入るから。

D) 私はチーズがあまり好きではない。

E) 僕は好きだよ，あの先生。彼女，感じがいい。

F) その窓閉めて…早く，早く閉めてったら！ 寒い！

2

G) それはきみには関係ないので，話さなかったんだ。

H) あの嘘のことで彼女はきみを恨んでいると思うよ。

I) そのボトルを 2 本，私に送ってください。

J) きみは神様を信じる？

K) 大騒ぎしないで！ それほどたいしたことじゃないよ。

L) きみのために冷蔵庫に少し取っておいたよ。

M) ショートカット？ 私の画面には見えないけど。

3

N) 私は彼女たちのことをよく考える。

O) 私はもちろんそれを信じるけれど，証拠が必要だろう。

P) 彼，彼のことはもちろん信じる。

Q) そうそう，それ！ それがほしい。買ってちょうだい。

R) セネガルで 10 日間のサファリ（猛獣狩り）をする？ 私はしたくない。

S) 私はそれをまったく信じていない！

T) それについてどう思う？

U) それについて少しは考えてもみてくださいよ。

EXERCICE 5

Dialogue 1

●子どもたち，いま学校から帰ってきたの？
○うん，いま帰ってきたところ。
●すべてうまくいった？ いい点とれた？
▲うん，いつもどおりだよ，ママ。テレビ観ていい？
●ええ，でもまず宿題しなさいね。
▲わかった，わかった。やるよ…。ああ！ こんな生活いやだ！
●まあ，大丈夫よ。文句言わないの。さあ，早く！ 台所におやつをとりに行きなさい。サプライズがあるわよ。
▲そうなの？
●パパがいま用意してくれてるわ。今日はパパが仕事から早く帰ってきたの。ほら，ちょうどパパが来た！ パパは本当にあなたたちには甘いわね。
○やった！ タピオカクリームだ。ありがとう，パパ。

Dialogue 2

●ご両親にあのこと言った？
○僕？ いや，まだ言ってないんだ。
●私のことバカにしてるわけ？ いつまでも絶対に言わないつもり？ あなたの勇気のなさにはうんざりよ。私たちのこと，昨日言うはずだったでしょ！
○心配ないよ！ もうすぐ話すから。そうだ，今夜でいい？ 一緒に来てよ！
●今夜は行けないわ。
○行けないの，それとも行きたくないの？
●もう，イライラするわね。とにかく，難しく考えすぎないで，勇気を奮い起こして。ご両親にシンプルに言えばいいのよ，私が両親にそう伝えたように！ あなたのご両親もきっと喜ぶわよ！ 特にお母さんは有頂天になるわよ，絶対に。それからお父さん，彼もあなたをとって食いはしないわよ。

EXERCICE 6

●信じられない！ なにか怪しい。きみ，またヴィトンのバッグのために大金をはたいたんだな？
○だからなんだっていうのよ！ あなたは絶対に買ってくれないじゃないの。自分のためのちょっとした贅沢が必要なの！
●しかたがないんだよ，わかるだろ。じゃあもう，きみになにか買ってあげてもどうせ無駄だね。待っても無駄だからね，絶対に。近所の人たちだって，きみが勝手すぎると言ってるよ！
○はぁ！ なんですって？ じゃあ今度は私が細かいことまではっきりとあなたに説明してあげる！ あなたのスイス製の腕時計，あれはただ同然だっていうんでしょうね！
●あれ買ったこと，まだ恨んでるのか！ へえ。きみの言うとおりだ。じゃあ，ことをきちんと正そう。僕が買ったのは一度だけだ。

○そんなこと，自慢するようなことじゃないわよ！ あの値段，私のいくつかの買いものと同じぐらいよ！

●きみは我慢ができないんだろ。そうせずにはいられないんだ。気に入ったものを見つけるとすぐに買わなきゃ気がすまない。

○あなたはそれだけじゃなかったでしょ！ ご主人様はルノー１台ではご満足できないんだから。おとなりの奥さんに格好つけるためにオープンカーが必要だったんじゃないの！ いつもそうやってあの女に色目を使うんだから！

●くだらない！ なに言ってるんだ？

○彼女からぜんぶ聞いたわよ。彼女をうんざりさせてるみたいよ。なんなら彼女を呼んでくるわ。

●絶対にやめてくれ。内輪のもめごとは内輪で片づけるもんだ。心底，腹が立ってきた。ほら，きみがおばさんからもらった花瓶，こうしてやる！

○まあ，乱暴な人！ なにも関係ないじゃない，この花瓶は。どうせ好きじゃなかったし…。じゃあ見てなさいよ，あなたの腕時計をどうするか。ほら，トイレに！

●そんなことするのか，きみは？ ちょっとした大金が下水に流れてしまったじゃないか！ どうしたらそんなことができるんだ？ じゃあ，きみのヴィトンのバッグがどうなるかわかるか？ ほら見てろ，洗濯機のなかで 50 分間まわり続けるさ。奥さまのご機嫌も落ち着くだろうよ。

○ああ、なんてことを！ 気が遠くなりそう。（少し間があって）はぁ！ ねえ，あなた，そんなふうになっちゃだめよ。冗談だったのよ，ほら見て，あなたの腕時計よ。

●きみったらまったく，ときどきバカなことするんだから。もう，さあ，ケンカはやめる？（すこし間があって）いいね？ さあ，こっちに来て抱きしめて。

第 6 章

EXERCICE 1

Partie 1 能動態

1) 子どもたちは決して自分の部屋を片付けない。
2) ミシェルは窓を閉める。彼の妹は廊下へのドアを開けて固定する。
3) 旅行代理店で，父は私たちのエジプト旅行を延期する。カイロのホテルもキャンセルする。
4) 母は貴重な本を両手で持っている。
5) ジャン＝フランソワはメールボックスにメッセージを残す。
6) とても優秀な医者が彼女を治療しますか？
7) ガールフレンドと歩いていた歩行者を車がなぎ倒した。
8) 誰か玄関のドアを閉めてくれますか？
9) 共和国大統領は新たな首相を任命する。
10) 私のお隣さん？ 誰もが彼を愛している。

11) 弟は歯磨き粉の残りを空にする。
12) 銀行家は彼らがローンを組むことを認めない。
13) 銀行から私にメールが届く。
14) 速報。生中継。災害です。津波が小さな港町を壊滅させました。
15) 昨日，覆面の男が老婦人を突き飛ばした。
16) 昨夜，匿名の電話で私は目が覚めた。

Partie 2 受動態

1) 午前 2 時に匿名の電話で目が覚めた。スマートフォンの電源を切っておけばよかった。
2) 私たちの旅行はパパによって延期された。カイロのホテルの予約もキャンセルされた。ひどくがっかりだ！ 巨大ピラミッドが見られると嬉しく思っていた私なのに。
3) いったい誰が玄関のドアを閉めたんだ（いったい誰によって玄関のドアが閉められたんだ）？ 私はキーホルダーを持っていないのに。誰が私の鍵をとったんだ？ミシェル，きみか？
4) 老婦人は覆面の男に突き飛ばされた。その男は通り二つ離れたところで警察に逮捕された。
5) 部屋が子どもたちによって片付けられることは決してない！ まさにホコリの巣だ。
6) 彼はみんなに愛されている。当然だ，彼はいつもやさしくて，礼儀正しく，近所の人みんなに親切なのだ。
7) 歯磨き粉の残りが一度に空にされた！ いったい誰が？ またあの子か？ ああ，私にはよくわかっている。それは私の弟で，まだ 5 歳なのだ。
8) 小さな港町が，津波により 30 分足らずで壊滅した。車両数百台が水没した。いくつかの建物が浸水した。
9) すぐに面会の約束をするように銀行からメールが送られてきた。
10) 彩色装飾が施された革製のこの古書は，私たちの家族に代々受け継がれているので，母によって大切に保管されている。
11) 収入が不十分なので，彼らの銀行ローンは認められなかった。
12) えっ？ 2 日前から彼女は集中治療室に入院しているんですか？ 少なくともちゃんとした治療を受けているんですか？
13) ガールフレンドを連れていた歩行者が車になぎ倒され，車はそのまま逃げた。
14) 今朝，共和国大統領により，みんなに尊敬されている新たな首相が任命された。正午少し前，これら二人の国家の代表により無名戦士の墓に花束が置かれた。
15) 今朝，書留郵便が私の郵便受けに配達された。
16) すきま風を防ぐため，ミシェルによって窓が閉められた。それから，彼の妹によって廊下へのドアが開けられ，固定された。
17) 長いあいだ管理が行き届いていなかったこの小さな城は，多国籍企業に売却されました。多くの工事が行われました。そして客室に生まれ変わりました。

EXERCICE 2

Partie 1

A) なんてこと，花瓶が粉々に割れている！ 何があったの？

B) 流しが詰まっている。水が流れなくなった！ 配管工を呼ばないと。

C) 鍵は棚ではなく台所に置いてあるよ。鍵をどこに置くか気をつけないと！

D) わあ，ズボンの脇が破れている！ ヴァカンスのあいだに太ったみたいだ…

E) リモコンが壊れている。床に落として，ガシャ！

F) きみのキーホルダーは玄関近くのフックに掛かってるよ！

G) あらやだ，ズボンの色がすっかり落ちちゃった！洗濯の水温を間違えたんだわ。

H) 気をつけて！ セーターが地面に落ちたよ！ きみ，踏むところだったよ。

I) マウスカーソルがフリーズしている！ もう動かない。パソコンを再起動するか電池を換えなければならない。

Partie 2

A) 私が家に帰ったとき，このシャンパングラスは割れていた。ソフィーが拭いていたら手から滑り落ちて粉々に砕けた。

B) ユゴーのおもちゃは，私が箱から取り出したときにはもうひびが入っていた。だからそれを店に持っていった。それを取り換えてもらった。

C) 私が帰ったとき，おじいちゃんとおばあちゃんはもう家に戻っていた。実はいつもより終わるのが遅かったのだ。

D) 父親が産院に着いたとき，赤ちゃんはもう産まれていた。パリ郊外のひどい渋滞で遅れたため，彼は出産に立ち会うことができなかった。

E) 母はランニングをしてとても疲れていた。だから私たちは母に休んでいてもらった。

F) 日曜日の正午，料理に火が通る前にオーブンが消えていた！ ベルナールがもう一度動かそうとした。でもオーブンは動こうとせず，故障した。修理屋が 3 日後に来るはずだ。

G) リュックが調理時間の設定を間違えた。ローストビーフにちゃんと火が通っていなかった。だから私は約 20 分間火を入れ直した。彼はあまり向いていない。

H) マリー＝アンヌが花を捨てたとき，花はまだ萎れていなかった。実は彼女はアレルギーで，花に耐えられないのだ。

I) 彼らにはなすすべがなかった。遅すぎたのだ。救助が現場に到着したとき，犠牲者はすでに亡くなっていた。

J) ジャックが今朝最初に起きたとき，テレビはまだついていた！ おじいちゃんが寝に行くときにまた消し忘れたに違いない。

EXERCICE 3

A) ●ママ，妹がずっと僕の邪魔をする！ 本当にうんざりだよ。
○我慢して，妹はまだ小さいのよ。

B) ●赤ちゃんが突然泣き出したわ。きっとミルクの時間なのよ。

○少し待たないとね，お母さんは双子の兄弟のお世話中だから。

C）飛行機が離陸しようとしている。おそらく管制塔からの許可を待っている。あ！見て。となりの滑走路に別の飛行機がいる。

D）●やっと部屋の片付けが終わった！今はずっときれいになった。いいでしょ！
○ああ，でもぼくのジュジュ，クローゼットや引き出しの中に詰め込んで隠すだけじゃ，全然ダメだよ。

E）明日からダイエットする！食事の間につまみ食いするのは絶対にやめなければならない。

F）私は出かけるところだった。そうしたらおとなりさんがドアチャイムを鳴らした。彼女は15分ほど話し続けた。追い払うことはできなかった。

G）ちょっと待って，メッセージを書いてるところ。あなたのお母さんによ。お母さんのメールには絶対すぐに答えなきゃならないの。彼女待てないの，知ってるでしょ。

H）シルセはエサを食べ終えた。いや，でも…ほら，もっとほしいとせがみに来てる。ほんとよく食べるね，この犬は！

I）くしゃみが止まらない！鼻水も止まらない。ほんと，イライラする。抗ヒスタミン薬をすぐに飲もう。

J）タバコやめたの？知らなかった。我慢できる？辛すぎない？

K）綿雪が降りはじめた。長く降り続かないといいけれど，そうしないと公共交通機関が止まって，また仕事に遅れてしまう。雪は好きだけど，それでも…

L）ちょっと待って。この章の最後のページを終えたら，聞くから！…で，なに？

M）ちえっ，大雨が降り続けている。こんな土砂降りで，いつ村に戻れるのかと思うよ。道はところどころ小さな急流に変わったに違いない。

EXERCICE 4

ことの次第はこうです。18時55分頃でした。店はまだ開いていて，かなり混んでいました。店員のミレイユが最後のお客さまに応対している一方で，他のお客さまは，あちこちに置かれている宝石のショーウィンドウを静かにご覧になっていました。時計が19時を告げようとしており，警備員は大半のお客さまを店外に出し終えていましたが，そのとき武装した覆面の男たちが店に侵入したんです！泥棒のひとりがインターロックの隣で警備員を手出しできないようにさせ，悪党どもは空中に発砲しはじめました。ミシェルは黒帯であるにもかかわらず，2メートル近くあるこの大男に対して力が足りませんでした。支払いを終えていなかった何人かが叫びつづけ，パニック状態になっていました。彼らのリーダーが発砲を止めさせ，お客さまたちに静かにして協力するように命じました。それでもひとりの娘さんが泣き出しました。明らかにショックを受けていました。それから二人の男が中央の曲がり脚の陳列ケースをバールで割り，陳列されていた宝石や真珠のアクセサリーを持って行きました。やることをすませてしまうと強盗はすぐに立ち去りました。幸運にもけが人はいませんでした。危害よりも怖い思いの方が大きかったということです。

EXERCICE 5

Partie 1

1) 子どもたち，静かにしなさい。おしゃべりをやめてください。ノートを閉じて，紙を 1 枚取り出しなさい。ディクテーションを始めます！
2) この坂道を下り，最初の通りを左折してください。一時停止の標識に注意してください。
3) 絶対にそうだよ，おばあちゃん，思い出して。さあ！
4) ファンの皆さん，愛してます！ だから私の次回のコンサートに来てください！そして私の Facebook をフォローしてください！
5) ペンを出してこのテキストを写しなさい。集中して。落ち着いて … よくできました，イザベル。
6) ズッキーニを切って，洗い，水気をとって，バターで軽く焼き色をつけて。
7) おまえは私の息子だ。私に敬意を払うべきだ。だから，言おうとすることには気をつけろ！
8) カタロニアで素晴らしい滞在を過ごしてください。しっかり楽しんで！
9) どちらか選びなさい！ 自分のものをすぐに片付けるか，もう出かけないか！ 映画に行かないよ。
10) 温泉治療から元気に戻ってきてください，バリオンさん。どうぞお大事に。しっかりリラックスしてください。
11) ここで走らないの，禁止されてます。静かにしてちょうだい。そんなふうに動かないの。鼻歌もだめ。さあさあ，ここはお祈りの場所よ。もう，あなたには腹が立つわね。
12) ノート貸してちょうだい。答えを写したいんだ。…ダメ？ …ほら！ いいでしょ，ヴェロ…お願い，ヴェロ。わかってよ。きみ，クラスでいちばん頭いいんだからさ。
13) いますぐ起きて，アルノー，学校に遅れるわよ！ ベッドから出なさい。ほら急いで。
14) 今テレビを見ないで。一緒に片付けましょう。一緒に，って言ったでしょう。今夜私の母が来るの知ってるでしょ。

Partie 2

1) いい席を必ず確保したいなら，早めに到着するかインターネットで事前に予約して。
2) 問題の指示をよく見て解いてみてください。ひっかけ問題があるので注意してください。ですので資料を注意深く分析してください。15 分あります。もちろん，早めに終わったら私を呼んでください。
3) やめて，おじいちゃん！ 気をつけて！ ここを通らないで！ ほら，そこに穴があって，落ちるかもしれないから。
4) 今日 18 時までにこのレポートの入力を終えてください，トゥルノンさん，さもなければあなたはクビです！ 集中して仕事に取り組み，18 時には印刷したレポートを持って私のオフィスに降りてきてください…そして，遅れないように！
5) すぐに寝なさい，子どもたち，もう遅いし明日学校でしょ。ほら！夜更かししないの。

ふざけるのはやめて，そうしないと怒るわよ…ニコラ。ニコラ。少しは聞いてる？もう，いいかげん言うこと聞きなさい！

6) 今すぐメールを終わりにしましょう，そうしたら今日このあとはもう静かでしょう。

7) 明日の朝は必ず 8 時までに起きてください。私たちは 9 時にバスに乗ります。

8) 彼女を治療室に連れて行き経過を観察してください。直ちに点滴をしてください。そして，この血液サンプルをできるだけ早く分析してしまってください。できるだけ早く結果が必要なのです。

9) 彼女に気にかけてもらいたかったら，もっとクールになって。プレッシャーを感じすぎだよ。それから，スタイルを変えて，古すぎだよ。

10) 少しならテレビを観てもかまわないけれど，遅くとも 9 時 30 分までには寝ること！

11) 今から 1 時間以内に机を片づけてしまいなさい。そうしないとお仕置きですよ，子どもたち！

12) 出かける前に食事をしてしまいなさい！ 何も食べずに行くわけにはいかないでしょ！ さあもう少しがんばって。そんなにストレスを感じないで，そのために病気になってもしょうがないでしょう。全然たいしたことないわよ，数学のテストぐらい。しっかり予習したんだし。

13) 第 1 学年への登録最終日ですから，事務的な手続きは今日済ませてください。すべての書類を準備して，おそらく混雑するので，後ほど 1 時にもう一度来てください。特に，最近の証明写真 2 枚とクレジットカードを忘れずに持ってきてください。

14) 小さなスーツケースを自分のために買いなさい！ いいホテルを選ぶのよ！ 飛行機のチケットを予約して！ それで出発して。出発よ。外の空気を少し吸うといい。気分を変えて，まったくもう！ 彼のことはもう考えないで。それだけの価値はないわ。

EXERCICE 6

●子どもたち，出かける用意はできた？ 通学バスの時間になるよ！ そうやってずっとぐずぐずしていると乗り遅れるよ。

▲まだだよパパ，カバンの用意をしてるところ。

●えっ，持っていくものがまだ準備できてないのか，アントワーヌ？

▲まだだよ，でも急ぐから。筆箱と電卓も入れたところ。ほら，終わった。全部入ったと思うよ。おっと！ 算数のノートと連絡帳を忘れるところだった。

●おや，自分をみてごらん！ シャツのボタンを掛け違えてるよ。またピエールをポールにかけたんだな［ボタンを掛け違えたという意味］。それから，シャツをちゃんとズボンの中に入れなさい。田舎者みたいだぞ！ わあ！ まったく目を疑うな！ ジーンズに穴をあけたのか？ パパほんとうに怒るぞ，アントワーヌ。まさかそんな格好で学校に行くつもりじゃないだろうな！

▲でもパパ，穴のあいたジーンズって，はやりだよ。

●ひどすぎる！ おまえたちふたりには心底イライラしそうだ。…なあアデル，靴底の前の方のはがれてるところ，それもはやりなのか？

○ううん，違うよ，これはちょっとしたアクシデント！

●そうなのか？ どうしたらそうなったんだ？ 新品だろう，おまえの靴は！ 先週末に買ったばかりだったのに。まったくあきれたな。なんてもったいない！

○昨日だよ。友だちと山に登ってて，岩から降りようとしたら，すべって足を穴の中に突っ込んだんだ。力を入れたら，破れたんだよ。

●たったそれだけのことか。

○で，帰りがけに糊とセロハンテープでくっつけたけど，くっつかないんだ。

●はあ，なんだって？

○ごめんね，パパ。他のところもはがれてきちゃって。ごめんなさい。

●ごめんなさいって言われても…。なあ，そんなふうには直らないよ。つまらんことで心配するな！ 靴屋に持っていかなくちゃ，それだけだ。あーあ！ おまえたちの悪さのせいでまた余計な出費だ。はっきり言っておまえたち,度が過ぎている。(間があって）おまえたちふたりにはいつもひどい目にあわされるばかりだ。はあ，どんなことがあっても絶対に冷静でいなければ。もうバスが待ってるに違いない。ほら！ さあさあ！ 走れ！ このことについては今晩また頭を冷やしてから話そう。

第7章

EXERCICE 1

A) 彼女が私なしで出発するのは苛立たしい。

B) 彼女は嘘をついているかもしれない。

C) きみが帰ってくるのを待ちつつ，食事の用意をしよう。

D) 先生は私たちが土曜までに小論文を書き終えることを望んでいる。

E) きみが彼（/ 彼女）に手紙を書くのはいいことだ。

F) 信頼できる秘書を見つけたい。

G) 私の母は，きみに会いに来てほしいと思っている。

H) 彼女がここにいないのが残念だ。

I) きみが土曜の朝に受け取ることができるように，明日小包を送るよ。

J) パパはママへのプレゼントを見つけるのを私たちに手伝ってほしいと思っている。

K) 雨が降っても，猫は家に戻っていない。

L) 警察ができるだけ早く来るべきだ。

M) 明日の夜までにこの製品が仕上がるようにしよう！

N) 校長は生徒たちに静かにするように言った。

O) ヴァカンスに出発する前に，いずれにせよホテルを予約しなければならないだろう。

P) きみが卒業資格を取得できて，私はとても嬉しい。

Q) あなた方がこのように別れてしまったのは本当に残念だ。

R) あなたは休息して体力を取り戻し，もっとたくさん眠る必要がある。

S) 彼女たちがこの書類に口出ししようが，私はかまわない。いずれにせよ，そうしてもらえばいい。

T) あの先生は厳しい。彼の学生がみなバック（＝バカロレア）で可以上の成績を取ることを求めている。

EXERCICE 2

A) 彼女が戻ってくるまで，私はここにいる。
B) 彼（/ 彼女）に悪いことが起こりませんように！
C) 彼女が心配する前に，彼女に連絡することにしよう。
D) 天気が悪くないかぎり，私はここに残らない。
E) 彼がジャンヌ・ダルクについて何も知らないのだとしたら，この本を読むように彼にすすめるだろう。
F) 彼は無礼で育ちが悪いけれども，やはり私の友人だ。
G) きみが何を言おうと，何を考えようと，私は気にしない。
H) 彼が腹を立てるといけないので，とりわけ彼には何も言わないでください。
I) 全員に聞こえるように，マイクに向かって話してください。
J) 着くのがあまり遅くならないのであれば，きみのこと待ってるよ。
K) 彼は本当に他にどうしようもなく，家族を養うために死ぬほど働いている。
L) 先生の話を少しでも聞きさえすれば，彼らは授業をよく理解するだろう。
M) 仮に一度目でうまくいかなかった場合，もう一度やりますか？
N) 大統領，もしそれが本当ならば，スイスにお金を隠したんですか？
O) 勉強に支障をきたすことを心配して，両親は私が外出することを禁じている。
P) 裁判官が釈放に同意したにもかかわらず，被告人は最終的に刑務所に留まることになった。
Q) 閣僚たちを従わせるために，大統領は妥協しない態度を示している。
R) 彼は多くのことを知っているにもかかわらず，何も告白していないことは確かだ。
S) 政府はどこに向かっているのかよくわからないままに改革を始めようとしている。

EXERCICE 3

A) こんな仕事をしている場合じゃない！ オファーを受けたことすら後悔している。
B) 何が起きたかをただ教えてほしい。すべて話して。どんなに細かなことも一切隠さずに。
C) その先生は生徒たちがデモのために通りに出ることを禁じた。彼らはそれを理解し，受け入れなければならない。
D) 彼が来ようが来まいがどうでもいい！ でも，彼が私の部屋に入るのはお断りだ。彼が敷居をまたぐことは禁止だ。私たちは会わない方がいい。だから私は彼らに会わないままでいよう。
E) 役所のミスではないかと思うが，きみに信じてもらえるかどうかは疑わしい。私は手数料を支払うことになるのではと心配だ。
F) アンブル，お父さんと私は，あなたの成績がこんなに悪いことを残念に思うわ。どうしても，よくなってほしいと思う。何が何でも努力しなければならないわよ。

G）フランス国王は平和が戻ることを望み，軍が直ちに戦闘をやめるように命令する。

H）家族の食事に私たちが招待されたことはよいことだと思う。でも，きみのお兄さんも来ているとは驚きだ。彼にはまともでいることを期待する。というのも正直なところ，彼がまた飲み過ぎてまた馬鹿なことをするのではないかと心配だからだ。

I）発言してもいいですか？ えっ？ だめ？ あなたが私の発言を認めることを求めます！ …少しは敬意を払ってください。ご自分の発言が公正なものであるように気をつけてください。おっしゃることすべてに注意してください！

J）マリーは，私たちが家に迎えに来るのを待っている。さっさと来てほしいから，私たちが早く準備を終えてほしいと思っている。彼女はアイスクリームがとけてしまうのを心配しているのだ。

EXERCICE 4

Dialogue 1

●ミスしたわ。収支計算するのを手伝ってほしい。

○全部チェックした？

●したけど，全部計算し直しても，数字が合わないのよ。

○僕が自分でやり直さないかぎり，他にどうやって確かめればいいかわからないな。

●なんとかなるといいんだけど！ 税務署は今夜 12 時までにオンラインで支払いを済ませるようにって。

Dialogue 2

●こんにちは，フランシーヌ。私たち，入ってもいいですか？

○ええ，どうぞ。オーディションには 5 人の候補者がいて，そのうち 3 人は女性です。

●どこに座ればいいですか？

○こちらの椅子に座っていただければと思います。選考委員会の他のメンバーもまもなく来ます。7 人もいると，この会議室には全員が座れるスペースがないんじゃないかしら。この面談にこんなにも多くの人がいるなんて，びっくりです。あなたがた御三方，誰に参加しろと言われましたか？ ご自分の仕事場に戻ってください。

Dialogue 3

●ママ，いとこたちがこんなに早く帰っちゃって残念。もっと長く一緒に遊んでくれたら嬉しかったのに。

○そうね，子どもたち，彼らが今朝帰らなきゃならなかったのは残念ね。

●遠い遠いジュネーブのおうちに帰ってしまう前に，もっと長くいてと頼めばよかったね。毎日会えるわけじゃないんだし。またすぐに来てくれるといいのになあ。

□ いとこたち，ぼくと一緒に住んでほしい。

○まあまあ，ルイーズ，リュック，最初からこう決まってたのよ。ヴァカンスが短すぎようが，みんなに学校や仕事の都合があろうが，しかたのないことなの！どうしようもないの。彼らの両親は 2 日後からまた仕事だし。

□ ぼく，いやだ。
●あ，ママ，見て。人形ふたつ忘れてる！
○おっちょこちょいねえ！ 郵便で送りましょう。

EXERCICE 5

Dialogue 1

今週末リヨンに行こうかな。TGV に乗ろう。日帰りで行ってこようかな。全部で 4 時間の行程しかかからないだろう。だから，街での時間も十分に取れそうだ。サン・ジャンに行ってみよう。それでいいかな，それとも他のことをしたい？

Dialogue 2

●もしあなたが大金持ちだったら何をしますか？
○もし私が億万長者だったら，値段を気にしないで欲しいものをすべて買うだろう。美しい女性と結婚して，すごく幸せになるだろうね。プライベートジェットであちこち旅行するだろう。そうやって多くの国を発見して，いろんな文化を知るだろう。贅沢することももちろんできるけれど，財産の一部を NGO に寄付したいとも思うね。ま，その前にまずは一度，ロトでもやってみようかな。これらすべてを実現するためにね。

Dialogue 3

●私は彼女にメールでラブレターを送り，彼女が私を愛しているかどうかを尋ねよう。彼女はそれを受けとり，もしかしたら私に返事をくれるかもしれない。はたして彼女は何と言ってくれるだろうか？ 彼女は私に何と答えてくれるだろうか？ ああ，想像するのはやめておこう。もし断られたら死んでしまいそうだ。
○もし僕がきみだったら，僕は彼女の返事を待つことはしない。彼女のもとに駆けつけるだろう。彼女の家の前に行く。僕のギターを持って行って，彼女のアパートの下で何か歌うよ。すると彼女は僕の歌を聴いて，窓から僕の姿を見るだろう。彼女は下に降りてきて，僕に口づけをするだろう。そうして僕たちは，地球上でいちばん幸せなカップルになるんだ。
●きみ，絶対にバケツの水を頭からかけられるよ。近所の人たちがよく思わないことは確かだ。きみのセレナードじゃない方が絶対に嬉しいはずだよ。

EXERCICE 6

Dialogue 1

●ママ，数学か経済学のどちらに入るか迷ってるんだ。もしママが僕の立場だったらどうする？
○私，あなたじゃないのよ！ それに私は理科系バカロレアをやってないの。もし高校でやっていたとしても，あなたにアドバイスはできないと思うわ。今，自分の道を選ぶのはあなた次第よ！
●そんなこと言っても少しは助けてくれない？
○悪いけど。自分で決めるしかないのよ。

Dialogue 2

●僕はもしフランス人に生まれなかったら，イギリス人に生まれたかったと思う。
○そうなの，なぜ？ それがあなたの人生にどんな違いをもたらすかしら？
●まあ，パリには住んでいないだろうね。きっとロンドンに住んで，シャーロック・ホームズのような顔をした裕福なビジネスマンになっていると思う。
○おもしろい考えね！ 他には？
●うーん…英語がペラペラなのは間違いない。現在の社会ではすごく有利だよ。それからコーヒーではなく紅茶を飲むだろうね。その方が健康にいいらしい。毎日の朝食にベーコンエッグと白いんげん豆を食べるだろうね。毎朝バッキンガム宮殿の前を通るときに，女王陛下に挨拶するんだ！…
○悪くないけど，別の人生ではフランス人じゃないことを後悔するんじゃない？
●それは全然わからない。そうかもしれない。確かに，別の人生ではお互いのことを知らないだろうね！

Dialogue 3

●隣の家のいたずらっ子が入院したんだ。馬から落ちたらしい！
○ああ，かわいそうに！ 怪我はひどいのかしら？
●足を骨折して，手首を脱臼したらしいよ。小さな植え込みに落ちたらしい。彼の母親によると，それで落馬の衝撃が和らいだらしい。
○不幸中の幸いね。首か頭蓋骨を骨折していたかもしれないんだから。
●そうだね。あなたの言うとおりだ。
○でも，どうして馬から落ちたのかしら？
●聞いたところによると，馬がパニックをおこして暴走したらしい。溝を踏み外して，溝のすぐ後ろにあったフェンスにぶつかったようだ。馬はかすり傷だけで，大したことはないらしい。
○よかった。で，フェンスは？
●わからない。僕は居合わせなかったから。でもフェンスは完全に壊れたと思う。
○かわいそうに，その子が早く退院できるといいわね。
●きっと大丈夫さ。一週間後には退院できるだろうと父親が言っていたから。

第8章

EXERCICE 1

Dialogue 1

●これしちゃだめ，あれしちゃだめ！ 僕の親はこの言葉しか口にしないんだよ！
○これダメ，あれダメっていつも言われるのは…やる気なくなるよね！
●よくわかるよ。僕の親も同じだもん。

Dialogue 2

●ジュリー，ドリルを持ってきてくれる？
○自分で取りにいってよ。私，あなたのお手伝いさんじゃないのよ！

●きみ，親切じゃないね。私のところに持ってきてもらえますか。

Dialogue 3

●犬に気をつけて！ 猛犬だよ。

○ああ，気をつけよう。噛まれたら大変だ。

●檻に近づかないで！ 離れていた方がいいよ。

Dialogue 4

●お待ちください。

○どのくらい待たなければならないんでしょうか？

●皆様，ご自分の番が来るまでもうしばらくお待ちください。待合室の席にお座りください。

Dialogue 5

●所長は土曜日までにこの仕事を終えるようにと我々に命じた。

○急がないとならないね。時間がない。所長は，時間を無駄にしないようにと我々にアドバイスした。また，早急に新しい戦略を立てて土曜日に報告するようにと忠告した。

Dialogue 6

●子どもたち，いい子にして！ 大騒ぎしないでってもう何度も言ってるでしょ。

○でもママ，僕たち大騒ぎしてないよ，遊んでるだけだよ。

●でもあなたたち，大騒ぎしてるの。今すぐやめなさい，でないと，ろくなことにならないわよ！

Dialogue 7

●新しい部長は，職場でプライベートメッセージを使わないように要求してきた。

○信じられないね。どうしようか？

●何も。何もできないよ。新しい規則を無視するなら，気をつけた方がいいよ。

Dialogue 8

●警察だ！ 手を上げろ！ 武器を捨てるよう勧告する。

○ポリ公め，勝手に言ってろ！ 俺たちは動じないぞ！

●２分以内に武器を置いて，手を上げて出てきなさい！ 無条件に降伏することを命じる！ 従えばあなたたちに害が及ぶことはないだろう。

Dialogue 9

●ムッシュ，シャツを脱いでください。聴診しましょう。

○ちょっと待ってください。はい，お願いします。

●はい，横になってもらえますか。ええ，そうです。では，起き上がってください。いいでしょう。

○先生，深刻でしょうか？ 私はどうしたんでしょう？

●柔らかい椅子は避けた方がいいでしょう。椎骨に負担がかかるので，できれば体を支えるタイプの椅子を選んでください。そして，スポーツをすることをお勧めします。お薬は必要ありません。ストレスをなくしましょう！

EXERCICE 2

A) 明日，そこに行くかどうかはわからない。

B) 彼女は間違いなくやってくるでしょう。それは否定しようがない。

C) 彼女はすぐに回復する可能性があります。

D) 台風が来ても授業はあると思いますか？

E) きみは彼がもう出発してしまったと本当に思う？ 私はそうとは思えない。

F) 私たちがこの夏パリに行くことはないと思う。ここにいることはほぼ間違いない。

G) フランスの経済が悪化していることは明白だ。来年はさらに悪くなるという予感さえする。

H) 彼の父親が真実を知っている可能性は高いが，私の考えでは，なぜそうなのかはわからない。彼がそれを知っていたことも，いつかそれを知ることもありえないだろう。

I) 彼女たちは彼が犯人だと確信している。私は，彼であるかどうか確信がない。

J) 私はこんな風にしてはならないと思う。むしろあのようにしたらいいのではないだろうか。

K) 彼は痩せたと思いますか？ 私は，彼が痩せたとは思えない。

L) もしかすると彼は嘘をついている。

M) 彼が去ったと思いますか？

N) 彼は木曜日のテストに合格したかもしれないし，来週の月曜日のテストにも合格するかもしれない。

O) 大統領が明確なアジェンダを持っていないことは間違いない。彼はまた我々を立派な言葉で騙すのではないかとさえ思っている。

P) あなたは彼が有罪だと考えているんですか？ 彼が無実だと仮定してみましょう！

EXERCICE 3

Dialogue 1

● マルティーヌ，新しい秘書のポストの求人広告はどうなってる？ まだホームページには掲載されていないようだが？

○ たしかにまだですね。今夜までに最終版が届くかもしれませんが，人事課がそんなに早く送ってくるかどうかはわかりません。今から聞きに行った方がいいですか？

● いや，その必要はないよ。本当に資格を持った信頼できる人を採用できる求人広告がほしいんだ。もう一度見せてもらえるかな，マルティーヌ。

○ ジェラールさん，どうぞ。

● ああ，ここと ここ，ここを見なさい，すでに３つのスペルミスがある！ すぐに修正して，人事課に直ちに知らせなさい。

○ はい，わかりました。申し訳ありません！

● 私が見たなかでは，これらが唯一の間違いだと思う。どうしてこのようなミスが紛れ込んだのか，説明できる者はひとりもいないだろうが…。まあいい！ さて，もう一度読み直そう。「我が社 « Pluriculture » では，厳密で，ダイナミックで，手際がよく，対人関係に優れ，英語，フランス語，スペイン語を話すことができ，南米とカリブ海地域の文化製品市場に精通している秘書を募集しています。ある程度の経済外交能力があり，一年中いつでも海外に行ける人を求めています。このポストでは，ワード，エクセル，パワーポイントの各ソフトとインターネットツールの知識が不可欠です。候補者の基準として，必要とされる最低学歴は Bac+3［学士課程３年修了］。経験レベルは，高等教育修了程度の若い方。」よし，これでいいだろう。今我々にできる最上のことは，逸材を見つけることができるように期待することだ。でなければ，ヘッドハンティングを利用しよう。

Dialogue 2

●マリーは，きみに打ち明けられる最高の人なんだ。彼女は僕が今までに会ったいちばん美しい女の子だ。彼女は神がこの世に生み出したもっとも素晴らしい人だ。それなのに，彼女は僕から去ってしまった！ 僕はまだ彼女を愛している。彼女と僕の関係が終わった今，ソウルメイトを探すべきだと思う？

○ああ，そうだ！ 忘れろ！おいきみ，立ち直れよ！

●僕のことを完全に理解してくれたのは彼女だけだった…ああ，どうしたらいいんだろう？

○さあさあ，もう考えるな！ また別の人が見つかるよ！

●断言するよ。彼女の代わりになるものは何もない。せめて僕のマリーを忘れる方法を教えてくれないか。

○だから，きみの気に入る，きみを好きになってくれる女の子を探せよ！ 外に出て，信頼できる新しい友達を作るんだ！ 気分転換しろよ！

●わかったよ。

○なあ，好きな女性のタイプは？

●自分自身に満足していて，体型や外見に気を使ってはいるけれど，気にしすぎじゃない女性。むしろ，体重が増えることにこだわりすぎる女の子なんかは嫌だな。ごく普通の人で，笑顔が素敵で，毎日驚かせてくれるような人がいい。

○うーん，そうか。

●そして何よりも，僕を理解してくれて，話を聞いてくれるような心を許せる人がほしい。１ヶ月間ずっと探しているんだけど，本当に僕に合う人が見つからないので，僕の条件に合う女の子を紹介してもらえる？ 僕が幸せを見つけられるような場所を知ってる？

○出かけよう！ 飲もうよ。きみが気にいるような場所はある？ 心配するな。どこに行っても，何をやっても，がっかりするようなことはないよ。過去は後ろに捨ててしまえ！

EXERCICE 4

●本当に心配なんだ，セシル。バカロレアの模試がもうすぐだけど，１科目の復習さえ終えることができなかった。準備ができているとは思えない。

○そんなに悩んでたとは知らなかったわ。マルタン，もっと早く言ってくれればよかったのに。
●そのとおりだよ。僕の結果は非常に悪いものになるんじゃないかと心配だ。
○まあまあ！ 私はそうは思わないわ。あなたを信じてるわよ。ポジティブに！ 絶対に合格するわよ。
●あぁ！ 本当に今回はうまくいく可能性はほとんどないんだ。絶対に失敗するとわかりきってる！ そのうえ，何が何でも成功してほしいと思っている両親。可以上の評価をとってほしいとさえ望んでるんだ。僕にかかるプレッシャーがわかるだろ！
○少しは自分を信じて！ いずれにしても，テレビゲームをしたりして時間を無駄にしてはダメよ。もちろん楽しんでもいいけど，もっとわきまえないとね，わかるでしょ。
●そう言うだろうと思ってたよ。じゃあ僕はどうすべき？
○たとえば，ひとりじゃ復習できないんだったら，私が手伝おうか？
●そうしてくれる？ きみ，超やさしいね。
○ええ，そうね。そんなにすごいわけじゃないわよ！ いずれにしても，毎週末に授業についてのブレインストーミングを定期的にやった方がいいでしょうね。あと3週間しかないけど，きっと大丈夫よ。
●あ，しまった，日曜日は無理だ。午後にサッカーの練習があるんだ！ 大会に向けて準備しなきゃならないから，トレーニングをしなければならないんだ。
○言い訳ばかりさがし始めてはだめよ！ サッカーくらい，朝に練習すればいいじゃない！ 時間を見つけなきゃ。あなたの合格には欠かせないものよ。でなきゃ，絶対に合格しないわよ。
●そうだね，きみの言うとおりだ。日曜日，大丈夫だよ！ じゃあ，13時30分から家で，ということでいい？
○いいわよ。バスの関係で少し遅れるかもしれない。最大でも10分ね。

EXERCICE 5

Dialogue 1

ちょっとお尋ねしたいんですが。モンパルナス駅の場所を教えていただけますか？ 16時1分発のTGVに乗りたいんです。知らない？ どなたか助けてくれる方をご存じでしょうか？

Dialogue 2

フランス語をもっと上達させるべきです。1日1時間は勉強すべきでしょう。そうすればより自在になり，もう少し自分に自信が持てるようになるでしょう。そうすればもっと上手に答えられるようになる…口頭試験に合格したいなら，私の言うことを聞いた方がいいですよ！

Texte

部長
ジャック様

私は強い不満を表明したく，手紙を差し上げます。
私の言うことを理解なさらないかもしれないので，もう一度申し上げます。ジャック，あなたは私の上司かもしれませんが，事前の知らせなく来るべきではありませんでした。もし，話題になっているあの会議の準備で邪魔されることがなければ，私はすでに仕事を終えていたでしょう。そして同僚たちと私は，おそらく時間どおりに退社できていたでしょう。考えてみてください，その間，上司は私たちに電話をかけてこなかった，そして，当然ながら，私たちはいつものように仕事を終えていたと。私たちは遅れを取り戻すためにあと 2 時間も残ることはなかったでしょう。もし私が仕事で拘束されていなければ，RER（首都圏高速交通網）に間に合い，夫が私の代わりに子供たちをテニスに連れて行く必要もなかったでしょう。ですから今後は，自分のことよりも一緒に働くチームのことをより考えてほしいと思います。
よろしくお願いします。
アンヌ

EXERCICE 6

●ラグランジュさん，今朝の出来事を知っていますか？ 私，マルタンさんの家に警察が来たのを見たんです！ 彼は手錠をかけられて連れて行かれたようですよ！
○私は何も知りません。驚きですね！ マルタンさんが問題を起こすなんて考えられない。ありえないですよ。まったくもって，考えられない。
●でも，あなたは私たちの管理人さんですよね。管理人は何でも知っているはずです！
○あらまあ！ たとえ知っていても，私は何も言えません。職業上の秘密ですからね，デュクワンさん。私は口が堅いんです。よくご存じでしょう。
●…マルタンさん，いったい何をしたらあんな風に連れていかれるのかしら？ なにか違法なことをしたんじゃないかしら。怪しいわ。薬をやってるんじゃ？
○考え過ぎですよ。彼がテレビとサッカー以外のものにハマっているとは思えません。彼が人生で興味を持っているのはこのふたつだけです。彼は本当に手錠をかけられていたんですか？
●ええ，たしかです。私はこの目で見ました。ブークさんは，一晩中彼の家で叫び声が聞こえた気がしたと言っていましたよ。だから，彼は何かしら罪を犯しているのではないかしら。
○痛くて叫んだんじゃないですか。滑ったか，家具にぶつかったのかもしれない。または，私のオルタンス叔母が去年そうだったように，バランスを崩したのかもしれません。あるいはハンマーで指を叩いてしまったのかもしれない。昨晩，うちのリビングの壁を誰かがハンマーで叩くような音が聞こえたんです。彼が真夜中に DIY をしていたとは考えられない？
●論理的に考えてくださいよ。指が潰れたくらいで警察に迷惑をかけると思いますか？
○さすがにそんな小さなことで警察は来ないと思いますが。あら，誰か来た！
□こんにちは，ご婦人方。私立探偵のロドルフ・デュプレシスです。名刺をどうぞ。マルタンさんの事件を調査しています。

●今朝，彼に起こったことをご存じ？

□ふむ。マルタン氏は知人とケンカをして，昨夜の騒ぎになったのです。

●あら，じゃあ他に被害者がいて，マルタンさんはその人をよく知っているということね。金曜日のこの前のコロンボ［テレビドラマシリーズの「刑事コロンボ」のエピソード］のように，家族の揉めごとといったところかしら。でも，その被害者って，いったい誰なのかしら？

□まあ，私はちょっとしゃべりすぎたようですね。ではさようなら，ごきげんよう，ご婦人方。家にお戻りください。

第 9 章

EXERCICE 1

Partie 1

① きみのミニバイクの音，遠くからでも聞こえる。なんてうるさいんだ！

② 選抜試験は 1 年以上前から準備されている。

③ この漢字にはいくつかの読み方がある。

④ 高さ 634m の東京スカイツリーはかなり遠くからも見える。

⑤ ドイツ語はオーストリアでも話されている。

⑥ このデザートは準備に 5 時間かかる。

⑦ hôtel の « h » は発音されない。

⑧ このウォータースポーツはチームで行われますか？

⑨ この小説は最近とてもよく売れている。

⑩ 英語はすべての大陸で話されている。そして他の西欧言語と同じく，左から右に読む。

⑪ アガサ・クリスティのこの本は読みやすい。『ナイルに死す』という題名だ。

⑫ このワインは，よく冷やして，アペリティフとして飲むのがおすすめだ。

⑬ この本は 25 の章に分かれている。

Partie 2

① かつてこの旅は乗合馬車で行われていた。

② この表現はもう使われないが，あの表現はよく使われている。

③ 4 つのパビリオンがあっという間にできあがった。

④ ツタンカーメンの展覧会が 2 週間前に始まった。

⑤ « manger » という動詞は，1 人称複数形で « e » をつけて活用する。

⑥ これらの野菜は冷蔵庫でよく保存することができる。

⑦ 印象派は 19 世紀後半に発展した絵画ムーブメントだ。

⑧ 物語の筋道が多くの細部で見えなくなっている。

⑨ フランスでは，チーズはグリーンサラダを添えて供される。

⑩ 食卓に肘をつくものではない。

⑪ これらの商品は海路で輸送される。

⑫ そんな質問はするべきではない。

⑬ そうですか？ 私の文章はわかりにくいですか？

EXERCICE 2

Dialogue 1

○どこに行ってたの？ 探してたのよ。

●整備工場に行って，ブレーキの整備をお願いしたんだ。

○そうなの？ ブレーキを修理してもらったの？

●修理をお願いしたんだ。ブレーキのかかりがだんだんと遅くなると感じていたから。歩いて帰ってきたから，そのせいで時間がかかってしまった。お金がかかるだろうけどしょうがない！明後日の夕方に取りに行くよ。

Dialogue 2

○ちょっと見て！ 近所の人にエルビス・プレスリー風に髪を切ってもらったんだ！

●そうなの？でも，なぜ？ ファンだったの？

○いや，そうでもない。でも，他の人がやらないようなことをやりたかったんだよ。

●ああ，確かに，もうあまりやらないよね。注目されるようになるよ。

Dialogue 3

○寝室の壁紙を夫に張り替えてもらいたいんだけど，やり方がわからないと夫が言うの。自分たちでやった方がいいに決まってるんだけど，しょうがないわね。

●壁の写真はある？ 見せて。

○これよ。プロの人に来てもらおうかしら。

●こういう仕事ができる人を知ってるよ。これがその人の電話番号。電話をかけてみて！職人としていい仕事しているよ。

Dialogue 4

○お隣さんたち，新しい家を建てるつもりだよ。間違いない！

●どこに？

○フレジュスから 50 キロほど離れた後背地にある小さな村。

●で，彼らは今のアパートを売るつもりなのかしら？

○違うそうだよ。だって，クレジュス［巨万の富を有したリディア王］並みの大富豪なんだから。おそらくそこには親を住まわせるんだろう。

●確かに，あの人たち，お金持ちね。

Dialogue 5

○意固地になるなよ。ひとこと言ってもいいかい？

●その必要はない。議論する気はない。

○あるよ，ちょっとだけ話をさせて。まったく文句ばかりだな！ 膿を出すべきだ。自分の中に溜め込んで，くどくどと繰り返しても意味ない。無駄に自分を傷つけてるだけだ。

●わかった。聞くよ。さあどうぞ！ 思いをぶちまけて！

EXERCICE 3

A) 地下鉄で二人組の男にゆすられた。彼らは私を追い詰めて，現金とスマホを渡すよう迫った。両親にも怒鳴られたんだよ，どんなに大変か，わからないだろう！

B) 日曜日の朝，彼女はマルシェに買い物に出かけていた。しかし彼女が赤信号で待っていた時に，一瞬の不注意につけ込んだ者がいた。そして，老婦人はハンドバッグを盗まれた。かわいそうに，彼女は突然とても恐怖を感じた。

C) 蚤の市で買ったものを見せてごらん！ なんだこれ？ これが500ユーロもするっていうの？ これ，象牙じゃないよ。見てみろ，偽物だ。まったく，まんまとだまされたなあ！ インテリア小物をそんなふうに探すのはもうやめた方がいいよ。

D) 夜のパーティーはお酒を飲み過ぎてすぐにひどい状態になってしまった。彼らは酩酊状態でグラスを割ったり，テーブルをひっくり返したりしはじめた。だからこの３人の若者はディスコからむりやり追い出されることになった。そして警察に連行された。コントロールできない状況になったので，オーナーが彼らを呼んだのだ。彼らがそれを盗んだわけではない！

E) 私の父は配達員だ。横断歩道上に駐車することはほとんどないが，今回が初めてのことだ。彼はまだ戻ってきていない。迷惑駐車で警官に調書をとられたのは初めてだ。

F) 以前，この宝石店では閉店間際によく泥棒に入られていた。今は警備員を配置するとともにインターロックを設置したので，襲撃の頻度もかなり減った。

G) 子どもたちは雨でずぶ濡れになってしまった。ちゃんと言ったのに。でも彼らは私の言うことをまったく聞かず，自分勝手にやるんだ。ケーウェイ［レインウェアのこと］も長靴も傘もない。信じられるか！なんてバカなんだ！

H) 私たちの場所をとられちゃった！ さて，どこに座ろう？ 場所をとられないように降りればよかったのに。しょうがない。ええ，言いたいことはわかってます，留守の間に居場所を取られる，でしょ。

I) この選手はこの前のドーピング検査で陽性と判定された。監督は彼にマスコミの前で公に謝罪させ，無条件で解雇した。ライセンス取り消しにもさせた。こんなふうに彼のキャリアを台無しにするなんて，なんという愚かなことだろう。

J) ○お隣の大型犬に噛まれた！
●まあかわいそうに！ 強く噛まれたの？
○ううん，幸いなことに。片方の手に軽く噛まれたあとが残っているだけ。
●運がよかったわね。怪我より恐怖が勝ったわね。

EXERCICE 4

Ⓐ 昨夜，彼女は路上で強盗に襲われたが，誰も反応しなかった。

Ⓑ 老婦人が車にひかれた。幸いにも，無事だった。

Ⓒ この薬は1週間決まった時間に飲む必要がある。

Ⓓ このワインはできればとても冷やして飲むといい。

Ⓔ アラビア語は右から左に読まれ，書かれる。

Ⓕ CE1［小学校の初等科，日本の小学2年に相当］の児童たちは先生から罰を受けた。

Ⓖ 彼は不良たちの言いなりだった。

Ⓗ この表現はあまり使われなくなっている。

Ⓘ ピエールはイザベルの魅力的な微笑みに誘惑されるがままだった。

Ⓙ リシャールはインフルエンザの予防接種をしてもらった。それなのに，彼はインフルエンザにかかった。ついてない！

Ⓚ 彼女は何も言わずライバルに侮辱されるがままだった。彼女には感心するよ，だって公然とののしられたのに，動じなかったんだから！

EXERCICE 5

Dialogue 1

○ねえ，早くしてくれない？ 遅刻するわよ。

●わかってるよ，でもちょうど髭を剃り終えたところなんだ。

○少しは急いでよ！ まだ娘たちの髪を整えなきゃならないのよ。

●僕も髪を整えなきゃ！

○えっ，まだなの！

●いや，髪は乾かしたけど，まだ整えてないんだ。

○わかった。じゃあ私はすぐに支度するから。

●ああ，じゃあ僕はその間に双子たちの明日の通学カバンの用意を手伝うよ。僕がいないとできないから。僕がいなかったらふたりともどうするんだろう？

○ふたりともまだ小さいでしょ。CP［日本の小学1年に相当］に入ったばかりよ。忘れないで。

（しばらくして）

○子どもたち，準備できた？ マスクと手指消毒は持った？ いい？ この恐ろしいウイルスから自分の身を守ろうね。あ！ 水筒を持って行ってね。今日も気温は34度になるそうよ。ルイーズ，出かける前にキッチンからゴミ袋を出して，ゴミ置き場に持っていってくれる？昨日はお姉ちゃんが持って降りたのよ。だから今回はあなたの番。

▲はい，はい，すぐやるね。でも，ゴミ箱をしまうのはできないよ。時間がないもの。バスに乗り遅れちゃう！

○わかってますよ，お嬢さん！大丈夫，後で私がやるから。あなたがやってくれるだけでも嬉しいわ。

●ねえアニー，今日は何時に帰るの？

○ 21時まで救急外来の当直なの。21時30分ごろに帰るわ。今夜は，夕食は冷蔵庫にあるから。電子レンジで温めてね，わかった？

●了解。きみが戻るまで娘たちの面倒を見るよ。ああ！ アニー，帽子かぶらずに出かけるの？ さあさあ，帽子かぶって。外はひどく暑いし，わざわざ日射病にかかることもないだろ。さあ，じゃ，夜にね！ じゃあね。

Dialogue 2

○さあ，何が起きたのか教えてください，ランベールさん。

●いつものようにビルのゴミ出しを終えて帰宅するところでした。18 時から 18 時 10 分のことです。妻と一緒に « Questions pour un champion »［有名なクイズ番組］を観ようと思っていたら，私に言いがかりをつけはじめた人物に襲われたんです。彼はあらゆる罵詈雑言を私に浴びせかけて，私を侮辱し，脅しました。

○その人を知っていますか？ それまでにその人に会ったことがありますか？

●いいえ，全然。

○彼はあなたの何を非難したんでしょう？

●わかりません。支離滅裂でした。とにかく，彼の行動からして心配になりました。

○彼を刺激するようなことをしましたか？

●いいえ，何も。こんなふうにいきなり背後に近づいてきました。私は話し合おうとしましたが，かえって彼はさらに怒り出し，黙れと言い，何も答えるなと私に言いました。彼があまりに大声を出すので，近所中が集まってきました。助けに来てくれた近所の人と一緒に彼を説得しようと試みました。幸いなことに 5 階のロカールさんが来てくれたんですよ，がっしりした人なんです。ボクシングかなにかやってたとかで。

○それから？

●それから？ ロカールさんが「ちょっと，そんなにイライラしないで！ 話し合いましょうよ」と彼に言いました，私の記憶が正しければ。でもそれがかえって彼を激怒させることになって。彼は怒鳴り続け，本当に攻撃的になりました。それからある時，ロカールさんをじっと睨みつけて，殴り合いをしなければならない，ロカールさんが一発殴られるとまで言いました。そして，バーン！ パンチが放たれた。しかしロカールさんはその攻撃をかわして身を守った…。ドスン，あっという間でした。しかし，奴は目の周りに黒いあざを作って仰向けにひっくり返った。そのあと，あなたが到着したんです。

○ええ。そのあとのことはわかります…。そうやってお互いに助け合うご近所さんって，いいですね。さて，ランベールさん，明日警察署に行って調書を作成してもらわなければなりません。

EXERCICE 6

●ドミニック，もし誰かに何か頼まれたら，喜んで手伝うでしょう？

○そうでしょうね。友人から頼まれたら，とても断れない。何についてなの？

●実は，お願いしたいことがあるんだけど。

○すごくためらっているのね，クリステル。困惑しているみたい。どうしたの。

●ひどいヘマをしちゃって。

○誰が？

●私よ！ こういうこと。すごいヘマをやらかしたの。昨日マリーに会ったとき，彼が知らない女性と楽しそうに話しているのを見たよと言ったの。

○それで？ 何がいけないの？

●それが，問題の女の子は，大学時代の友人として紹介されたの。話によると，彼女はアマンダという名前で，独身らしい。一緒に自撮りもしたのよ！

○何が言いたいの？

●マリーからどんな子か聞かれてその写真を見せたら，彼がいとこだと言ってた女の子だとすぐにわかったの！ 何が問題かわかる？

○あらまあ！失敗したわね！ なんてこじれた話！大スキャンダルのにおいがする…。その写真を見せて。もしそうなら，私は彼女，知ってる…。ああなんてこと！ もっと早く見せてくれてたら！ これ，ファビエンヌよ。絶対にいとこじゃなくて，元カノよ！

●え？ 元カノ？ もっとマシなもっと金持ちの男のために彼を捨てた人？想像してたより，もっとひどいわね。最低なヤツ！

○そうよ，あなたも言ったわね。マリーはものすごく嫉妬深いの。でもこのふたり，やりすぎよ。何とかしなきゃ。

●もっと前に知っていたら，マリーには絶対に何も言わなかったわ。もう何度も捨てられてるんだから！ 本当についてない！ 彼こそ，きっぱりと彼女に捨てられるべきでしょう。

○ええ，あなたに 100%賛成だけど，とにかくこれがあまり表に出てこないことを祈ろう。マリーにとってはおもしろくないから。

第10章

EXERCICE 1

① ○痛い！ なんて痛いんだ！ いててててて！ さわられると痛い。

●よし！ わかった，もう腕にはさわらない。骨折しているかどうかレントゲンを撮ろう。

② おっと！ しまった！ 落としてしまった。ああ，まさか！ 本当にバカなことをした。もう壊れてしまった。ちぇっ，彼女はなんて言うだろう！ まったくどうしようもない。なんて面倒なんだ！

③ ○ハクション！

●お大事に [望みがかないますように。くしゃみをした人にかける言葉]，ピエール。ハクション！

○お大事に，ガブリエル。

●ありがとう。

○ようやくだ！ なんていい日差し！ この季節に太陽を見るのは嬉しいね。

●うん，でもブルブル，なんて寒いんだろ！

④ ○ちょっと，誰かいるの？ もしもし？ …この静けさ，あまり好きじゃないんだけど。

●ばあ！…ねえねえ！ 驚いたでしょ！

○わあ！ びっくりした！（少し気を取り直して）ああ，やめてよ！ マルク，もう絶対にこんなことしないで！ 私が心臓弱いの，知ってるでしょ。

●はっはっは！ ひっひっ！（子どもが笑いながら立ち去るのが聞こえる）

⑤ ○ああ！ こんにちは，子どもたち。また会えて嬉しいわ。

●ジャンヌおばあちゃん，こんにちは。元気？

ちゅっ！（キスの音）

○ええ，とても元気よ，ありがとう。まあ！ 大きくなったわね，シャルロット！ もうすぐ私の肩まで届くわね。何歳になったの？

⑥ ○聞こえた？ 天井でドンドン，ガルルル，っていってるわ。

●えっ？ 何も。ぶつかる音もうなり声もしないよ。テレビの音だよ。

（かすかにカチッカチッ，そしてドアが静かに閉まる音）

○カチッ，カチッ，カチッ，あ，ほらね！（そのときかすかな音が聞こえる）ほら，リーン！

●きみの空耳だよ。僕には何も聞こえない…ついでに，モー，コケコッコー，ニャー，ワンワンはどう？

○あなた，ほんとバカよね！ 優しさってものがない。

…

（突然足音が聞こえ，ドアがきしんで激しく閉まる）

○ほらね。今，足音とバタンって聞こえた。ほら，やっぱり私はおかしくない。今度はもう何も聞こえなかったとは言えないでしょう。屋根裏に誰かがいるって言ったら。

●はいはい！ わかったよ。ちょっと見てくる…で，きみのおばけに挨拶してくるよ。

EXERCICE 2

① ○おやつにクラフティを作ろうか？　●わあ！ うん，やったあ！

② いやはや！ やっと免許がとれた！ やっとだよ。

③ ああ！ 嘘が下手ですね！ 一言も信じられませんよ。

④ うっ！ これ，すごく臭い！ なんてにおい！ この塗料，何が入ってるんだろう？

⑤ はぁ？ またメガネの軸を折ったのか！ なんて不器用なんだ！

⑥ 財布をなくしたの？ うわぁ！ それはまたすごく困ったもんだ！

⑦ ふぅ！ 終わった！ せいせいした！

⑧ いやはや！ なんてことだ，この離婚は！ クレイジーだな！

⑨ 私はフランス人だろうか？ もちろんそうだよ，なんで？

⑩ なんてこった！ ここで何があったんだ？ そこらじゅう水びたしだ。

⑪ もちろん，あなたの結婚式には参列します。絶対に欠席しませんよ。

⑫ わあ！ 急ぐぞ！ さあ，急げ！ アクセルペダルを踏んで，進め。加速して，太っちょ。はいどう！ …ほら，そうきた！ まさか。また次の赤信号で立ち往生することにな

るぞ。

⑬ それ！ 今すぐ出発しなきゃ！ さあ行こう，子どもたち，早くコートを着なさい。

⑭ ばんざーい！ 勝ったぞ！勝ったぞ！ 決勝に進出した。決勝に進出したぞ。

⑮ 仲直りしたって？ そうなの？ 終わりよければすべてよし。

⑯ あらまあ！ 今度は何をしでかしたの，ソフィー？

⑰ なんてキレイなんだ！ わお！ あの子，なんてかわいいんだ！…いやまさか，見たか？ 彼女，僕を見たよ。彼女は僕を見たんだよ。

⑱ すごくキモイ！ 気持ち悪いよ，あんなの！…おえっ！ マジで気持ち悪いな！

⑲ 結婚するんですか？ よかったですね！ なんという嬉しいニュースでしょう！ おめでとうございます。どうぞお幸せに。

⑳ 泥棒ー！ 助けて！助けてください！ おーい，ムッシュ，あの男を止めて。お願いだから，あの男を捕まえてください。

㉑ マジ？ いやー。冗談だろ？…え，そうなの？ そんなつもりはなかったよ。きみがそう言うなら。

㉒ おやおや，宿題はもう終わったって？ いやあびっくりだね。テレビが見たいんでしょう。

㉓ 彼はいったい何をしてるんだ？ 他に何を企んでいるのだろう…

㉔ いてっ！ ハンマーで指を叩いてしまった！

EXERCICE 3

Dialogue 1 話し言葉

○まあ，なんてこと！ この散らかりよう！ このゴチャゴチャはいったい何なの？

●そんなに怒らないで，ママ。ちょっと散らかってるだけ，それだけだよ。

○はあ？ あなたの部屋，見た？ この散らかりようを見てごらんなさい！ たくさんの服がそこかしこに散らばってるじゃない！ それから机の上や床に置きっぱなしの汚れた食器！ なんてひどいの！ まるで豚小屋ね！ その真緑のお皿，いつからそこに置いてあるの？ 表面が全部カビてるじゃない！ まったく，なんて汚いんでしょう！

●ねえママ，大げさすぎるよ！ 食器なんてあっというまに洗えるから。

○まったく，なんて図々しい！ で，皿洗いをするのはきっと私でしょ！ ほら，さあさあ！今すぐに全部拾い集めて！

●あっ，ゲーム機には気をつけてね，ママ！ 踏んじゃうよ！

○ひどすぎる！ よくもまあ自分のモノに気をつけてって言えるわね！ それから，タンスの中はガラクタばっかり！ どんなに頻繁に掃除しても，この部屋のものはすべてぐちゃぐちゃになってしまうのね！ まったく恥ずかしい！ あなたはなんてだらしないの，ダミアン！

●ねえ，考えすぎだよ，ママ。落ち着いてよ，ごめんなさい。今日中に片付けるよ，約束するから。ほら見てよ，すぐに始めるよ。

Dialogue 2

○メリークリスマス！

●こうやってみんなに会えるなんてすごく嬉しいねえ！ わあ，子どもたち大きくなったね！ 前回からずいぶん時間が経ったものね。もうほとんど見分けがつかない！ こんなに大きくなるなんて，すごい！

○そう，１年半でどれだけ変わったか！ 親の私たちでさえ，ついていくのが大変なのよ…荷物を運びましょうか？ さあ，荷物を渡してちょうだい，寝室に置いてくるから。

●プレゼントはどこに置く？ ツリーの下？ おやまあ！ 暖炉のところにはもうたくさんのプレゼントがあるのね！

○はい，プレゼントをどうぞ。

●なんて優しいこと！ 開けてもいい？

○もちろん。どうぞ。遠慮しないで。どうせもうすぐ全部開けるんだから。

●まあ，嬉しいねえ，素晴らしいものを！ どれほど夢に見たことか！ サンタクロースは本当に私を喜ばせてくれたわ。みんな，ありがとう。ほら，自分のも見てごらん！

○ちょっと待って！ ああ，とても開けにくいわ，ほら，すごくしっかり包んである。

●そう，店員の女性がとても丁寧に包んでくれたのよ。

○できた！ 気をつけて開けるわね。わあ，エルメスのショール！ なんて嬉しい！ 本当にありがとう！ じゃ，食卓につきましょう。ねえあなた，フリュート［フリュート型シャンパングラス］を出してちょうだい。子どもたちには水とフルーツジュースを。よかったら甘口のシードルもあるわよ。私は最初のプチフール［小型のひとくちサイズのおつまみ］を持ってくるわね。

EXERCICE 4

A）私は一昨年に彼に会ったことがある。年末休暇前の数日間のことだ。

B）当方の読書クラブに参加していただければ，特典があります。会員になると，たとえば，棚にある商品をすべて無料で借りるといったことができるようになります。

C）私が探しているのは違うタイプなんです。でも普段着ている服と違いすぎる服は，私にはまったく似合いません。

D）各分野で優秀な成績を収めた学生には，卒業時に特別賞が授与されます。優秀な学生がこのような形で報われるのは当然のことです。私の学生たちですか？ 話題にしないでください。授業中に眠そうにしているので，私も眠くなるんです。これって伝染しますよね。

E）ペットをほったらかしにする人は許しがたい。ヴァカンス中にペットを捨てる人全員に罰金を課すべきだ。

F）この服は挑発的すぎる。このような公式のソワレ［夜のパーティー，夜会］では，人目を引きすぎるような挑発的な服装は避けるべきだ。

G）この CEO は非常に影響力がある。政界に影響力のある人物は，国際的な大企業の出身者がますます多くなってきている。

H) その分野の専門家を納得させるような報告書が当然望ましい。やり直してください！ そして今度はもっと説得力を持たせてください。いえいえ，いいえ。頑なに意見が食い違ったままでいるのはやめてください。断言します。あなたの意見は，収束にはほど遠い。私のと一致するような意見を持てるようになったら，また来てください。もう一度ゆっくりと話し合いましょう。

I) この夏の息苦しい暑さをごらんなさい！ 今では毎年のように起こっているし，熱波の期間もどんどん長くなっている。このように地球の壊滅的な状況を無視すれば，私たちは皆，砂漠で窒息死することになるでしょう。

EXERCICE 5

マリー・キュリーは，フランス人でありながら，ポーランド出身であることに常にアイデンティティを感じていた。だから彼女は後に，同名の化学元素にポロニウムという名前をつけたのである。1867 年に数学教師と学校教師である両親のもとに生まれたマリーが，幼い頃から科学に親しんで育ったのは当然であった。1883 年の中等教育終了時には金メダルも獲得し，彼女は大学への進学を希望した。しかし当時，母国では女性の学問が禁止されていたため，彼女は，すでに移住していた姉のもとへとフランスに渡った。彼女はとりわけ数学者ポール・パンルヴェに師事し，数学の学位を取得した。彼女はポーランドに帰るかためらっていたが，最終的に物理学の研究所に入った。この時，後の夫となる，パリ市立工業物理化学高等専門大学を教授として取り仕切っていたピエール・キュリーに出会った。金属とその特性に関する長年の研究を行った二人は，1903 年にノーベル物理学賞を共に受賞した。1905 年にピエール・キュリーが事故死した後，マリー・キュリーは夫に代わり，大学初の女性実験室長，また同時にソルボンヌ大学初の女性教授となった。科学に生涯を捧げ，彼女は 1911 年化学の分野で再びノーベル賞を受賞した。マリー・キュリーは 67 歳で亡くなったが，史上初めてノーベル賞を 2 度受賞した科学者として名を残している。

EXERCICE 6

Monologue 1

マルシェからの帰り道，ジャックは玄関の椅子に座り，靴ひもをほどこうと前にかがんだ。すると，腰に激痛が走った。完全に身動きがとれず動けなくなって，助けを求めた。ユゴーと私は，彼を助けに走った。すっかり腰が折り曲がっているのを見て，私たちはとても驚いた。医者ではないので，私たちはできるだけのことをした。なんとか脇の下を抱えてやさしく起こし，腰痛が治まるようにゆっくりと地面に寝かせた。ジャックは足を半分曲げて背中が平らになるようにした。彼は鎮痛剤をもってきてほしいと私たちに頼んだ。言うが早いか実行された，ユゴーは急いでそれを取りに行き，一杯の水を持っておじいちゃんのところに戻ってきた。ジャックは 10 分ほど辛抱強く待っていたが，気分がよくなってきた。立ち上がりたがった。もうよくなったと私たちは思ったが，痛みが前よりもいっそう激しくぶり返した。私たちにはもうどうすればいいのかわからなかった。最後の手段として，救急車を呼ぶことになった。彼らはすぐにその場に到着し，彼を動けるようにした。そして幸いなことに，病院に連れて行く必要はなかったのだ。なんという話だろう！ かわいそうなジャック！

Monologue 2

マリオンと僕は２年ほど前に出会った。僕たちは高校の最終学年の時につき合い始めた。実際，僕はすぐに彼女を好きになった。僕は一目見たときから彼女が運命の人だと思ったが，彼女の方は，違った。女の子って，そういうことよくあるよね。お互いに一目惚れというのは，僕はあまり信じない。その話はそこまでにしよう。僕は勇気を奮い起こして，彼女のハートを射止めるために自分をたくさん注ぎ込む必要があった。要は，成功したということだ。いったんつき合いはじめると，他の友達にはもちろん隠さなければならなかった。というのも僕たちは未成年で，ゴシップは避けたかったし，特に親には知られたくなかったからだ。マリオンはその方がいいと思ったが，他の人たちに見つかってしまい，すぐに学校中に知れ渡ってしまった。ここでことが収まればよかったのだが，残念ながら，それだけではなかった。噂は瞬く間に広まり，あの口の軽いイヤな奴，ルイーズがすぐさま両親に報告したうえ，スマートフォンでこっそり撮った写真まで両親に送りつけた。本当におしゃべりな奴！ ゴシップの女王と呼ばれるのも当然だよ。とにかく，僕たちの両親が集まって，僕たち二人を呼び寄せ，交際をやめさせようとした。マリオンは本当に僕たちの間は終わったと思った。でも僕は，正々堂々と勝負することに決め，二人の愛は十分に根拠があると両親をなんとか説得した。真剣なんだと彼らに約束した。その証拠に，僕たちは今も一緒にいる！ 両親は納得し，最後には僕たちがつき合うことを認めてくれた。結局，見かけほど恐ろしくはないということだ。でも，あのルイーズだけは，絶対に許さない。彼女は僕の通り道に出くわさない方がいい，でないと，とってもひどい目にあわせてやる。

文法《ぶんぽう》からアプローチ
フランス語《ご》聴《き》き取《と》り練習帳《れんしゅうちょう》
中級《ちゅうきゅう》へのステップアップ

2022年9月30日　第1刷発行

著　　者 ── アレクサンドル・グラ
フランク・デルバール
平松尚子（ひらまつ　なおこ）
発 行 者 ── 前田俊秀
発 行 所 ── 株式会社　三修社
〒150-0001　東京都渋谷区神宮前2-2-22
TEL 03-3405-4511
FAX 03-3405-4522
振替 00190-9-72758
https://www.sanshusha.co.jp
編集担当　永尾真理

印刷・製本 ── 日経印刷株式会社

ISBN978-4-384-06025-6 C1085

表紙デザイン　岩泉卓屋
DTP　大貫としみ（ME TIME）
イラスト　市川さとみ
カガワカオリ
吹込　Alexandre Gras, Hugo Gras, Peggy Heure, Lena Giunta, Christelle le Calve, Fannie Sakurako Courron, Thomas de Sola, Jerome le Bois, Sylvian Detey, Manon Detey